Ullrich / von Daagen

Die perfekte Bewerbung

Verlag und Druck:

CreateSpace

4900 LaCross Road
North Charleston, SC 29406
USA
ISBN: 978-1499589528

Inhaltsverzeichnis

Die Vorbereitung

Egal ob Sie sich einen Arbeitsplatz oder einen Ausbildungsplatz suchen, Sie müssen sich im Klaren darüber sein, was Sie wollen! Das klingt selbstverständlich ... aber wie oft bestimmen überzogene Wünsche die berufliche Zukunft?

Werden Sie sich bewusst, was Sie möchten. Nur so können Sie überzeugend wirken und somit Ihr Ziel erreichen.

Selbstanalyse

Ihre erste Aufgabe besteht darin, herauszufinden, wofür Sie geeignet sind und was Sie sich wünschen. Sie brauchen eine "Bestandsaufnahme" von sich.

Stellen Sie sich folgende Fragen:

> ➢ Habe ich ein Talent oder eine besondere Begabung?
> ➢ Worin habe ich bereits Erfahrungen gesammelt?
> ➢ Habe ich Qualifikationen?
> ➢ In welchen Bereichen liegen meine Stärken?
> ➢ Decken sich meine Fähigkeiten mit meinen Interessen?
> ➢ Wie sieht mein optimaler Arbeitsplatz aus (Arbeitszeit, Aufstiegschancen, ...)?
> ➢ Wofür bin ich überhaupt nicht geeignet bzw. was fällt mir schwer?
> ➢ Welches Berufsfeld kommt für mich in Frage?

Als nächstes führen Sie eine Analyse des Arbeitsmarktes durch. Dadurch können Sie herausfinden, ob der gewünschte Beruf oder Ausbildungsplatz Zukunft hat und welche Anforderungen bestehen.

Weiterhin bietet sich Ihnen bei diesem Schritt bereits die Möglichkeit, geeignete Unternehmen auszuwählen.

Machen Sie sich mit der gewünschten Branche vertraut (Anforderungen, Voraussetzungen, gegenwärtige Situation, voraussichtliche Entwicklungen in der Branche ...).

Die Quellen hierfür sind vielfältig, so zum Beispiel:

- Internet
- Firmenbroschüren
- Nachrichten / Presse
- Literatur / Zeitschriften
- Arbeitsberater
- Bekannte

Die Leistungsbilanz

Der erste Schritt im Bewerbungsprozess ist die Erstellung einer Leistungsbilanz. Sie bildet die Ausgangsbasis für eine erfolgreiche Bewerbung und wird Ihnen im weiteren Bewerbungsprozess eine wertvolle Hilfestellung bieten.

Hierfür müssen Sie sich einen Überblick über Ihre täglich eingesetzten Fähigkeiten verschaffen. Weiterhin sind frühere Tätigkeiten, Fort- und Weiterbildungen sowie Ihre Freizeitaktivitäten zu betrachten.

Listen Sie zunächst Ihre Erfahrungen aus dem derzeitigen Arbeitsverhältnis auf. Berücksichtigen Sie auch Sonderaufgaben, wie bspw. Urlaubsvertretungen. Hilfestellungen bieten Ihnen der Arbeitsvertrag, Beurteilungen, Zwischen- und Arbeitszeugnis sowie Ihre alten Bewerbungsunterlagen. Möglicherweise besitzen Sie auch eine detaillierte Stellenbeschreibung.

Beantworten Sie folgende Fragen:

- Wie lautet die Berufsbezeichnung bzw. der Name der Position?
- In welchen Unternehmensbereichen waren Sie tätig?
- Welche Aufgabenstellungen haben Sie täglich durchgeführt?
- Welche Sonderaufgaben haben Sie bewältigt?
- In welchen Projekten haben Sie mitgewirkt?

Formulieren Sie für die Punkte 2 bis 5 jeweils mindestens zwei Stichpunkte. Gehen Sie anschließend einen Schritt zurück und analysieren Sie Ihre vorherige Arbeitsstelle. Nehmen Sie sich so nacheinander jeden Arbeitsplatz vor.
Fort- und Weiterbildungen

Einen wichtigen Indikator für Ihre Lernbereitschaft sind Fort- und Weiterbildungen.

Gehen Sie hier entsprechend dem folgenden Schema vor:

- Wissen, dass Sie sich selbst angeeignet haben
- Weiterbildungen, die Sie selbst initiiert haben
- Weiterbildungen, die das Unternehmen initiiert hat
- Literatur, die Sie regelmäßig lesen

Freizeitaktivitäten runden Ihre Leistungsbilanz ab. Formulieren Sie hier Ihre Interessen, Hobbies, Mitgliedschaften in Vereinen etc.
Im Ergebnis Ihrer Analyse werden Sie erkennen, dass Sie wesentlich mehr bieten, als Sie anfangs angenommen haben.

Stärken/Schwächen-Analyse

Nach der Erstellung einer Leistungsbilanz besteht die nächste Aufgabe in der Analyse Ihrer Stärken und Schwächen (Strength and Weakness).

Stellen Sie sich selbst die folgenden Fragen:

➢ Wie sehe ich mich selbst?
➢ Was liegt mir besonders gut?
➢ Was liegt mir weniger?

Voraussetzung ist Ehrlichkeit! Denn sonst kommen Sie in die Gefahr in Ihrem neuen Job über- oder unterfordert zu sein. Bei der Analyse müssen Sie systematisch vorgehen. Zu unterscheiden sind Hard Skills und Soft Skills.

Unter Hard Skills versteht man Ihre fachliche Kompetenz, wie bspw. Ausbildung und Fachwissen. Soft Skills bilden dagegen die soziale Kompetenz, wie Kommunikationsfähigkeit, Teamfähigkeit und Belastbarkeit. Erkennen Sie Ihre Stärken und Schwächen in beiden Bereichen.

Um den Personalverantwortlichen zu überzeugen, ist es nicht nur wichtig Stärken und Schwächen zu erkennen, sondern diese mit Beispielen zu belegen.

Hier wird der Nutzen Ihrer erstellten Leistungsbilanz deutlich. Natürlich können (und sollten) Sie auch Meinungen anderer Personen einholen.
Beginnen Sie mit der Analyse im Bereich Hard Skills und Belegen Sie jede Schwäche/Stärke an mindestens zwei Beispielen aus Ihrer beruflichen oder privaten Praxis.

Ein Beispiel für Hard Skills

Stärke	*Schwäche*
Analyse von Geschäftsprozessen	Fehlende Oracle-Kenntnisse
1. Seminar Geschäftsprozessmodellierung	*1. bisher nur Umgang mit DBMS MySQL*
2. Analyse von Geschäftsprozessen in der AZ GmbH	*2. Oracle-Weiterbildung von AZ GmbH abgelehnt*

Fahren Sie anschließend mit den Soft Skills fort.

Ein Beispiel für Soft Skills

Stärke	*Schwäche*
Teamfähigkeit	Mitarbeiterführung

1. 5 Jahre als Programmierer tätig	*1. keine Erfahrung als Projektleiter*
2. 12 Jahre Mitglied im Verein	*2. bislang keine Personalverantwortung*

Natürlich sollten Sie bei einer Bewerbung Hauptaugenmerk auf Ihre Stärken legen.

Die Kenntnis Ihrer Schwächen ist aber wichtig, um Sie gezielt bearbeiten bzw. kompensieren zu können (z.B. durch Weiterbildungen und Seminare).

Beachten Sie auch, dass sich manche Schwächen in bestimmten Berufen als Stärken erweisen.

Arbeitgebersuche

Potentielle Arbeitgeber können Sie auf den unterschiedlichsten Wegen finden.

Die folgende Zusammenstellung der verfügbaren Medien soll Ihnen eine Hilfestellung bei der Suche geben.

Printmedien

- bundesweite und regionale Zeitungen & Zeitschriften
- Fachmagazine
- Firmenbroschüren
- Branchenbroschüren
- Gelbe Seiten
- Nachschlagewerke

elektronische Medien

- Stellenmärkte im Internet (z.B. www.stellenangebote.de)
- Bei einigen Seiten haben Sie auch die Möglichkeit, ein kostenloses Stellengesuch aufzugeben.
- Homepage der potentiellen Arbeitgeber
- CDs und DVDs
- Suchmaschinen (Google.de etc.)

Agentur für Arbeit

- Personalberater
- Stellen-Informations-Service (SIS)
- Internetauftritt (www.arbeitsagentur.de)

Arbeitsvermittler

- Arbeitsvermittler verfügen meist über gute Kontakte zu Arbeitgebern. Vorsicht vor schwarzen Schafen in der Branche!

Direkter Kontakt

- Fachmessen und Kongresse
- Hochschulmessen
- Praktika in Unternehmen
- Seminare
- persönliche Kontakte über Freunde und Bekannte

Analyse einer Stellenausschreibung

Haben Sie eine interessante Stellenanzeige gefunden, so müssen Sie diese im nächsten Schritt gründlich analysieren. Nur so können Sie Ihre Bewerbungsunterlagen optimal auf die Stelle abstimmen.

Durch eine Analyse der Stellenanzeige finden Sie heraus, welche Erwartungen das Unternehmen an den Wunschkandidaten stellt. Wenn Sie die Erwartungen des Unternehmens kennen, kann man diese aufgreifen und gezielt in die Bewerbung einarbeiten.

Jede Stellenanzeige ist im Grunde nach dem gleichen Muster aufgebaut. Dies soll an einem kleinen Beispiel verdeutlicht werden:

Die Muster GmbH ist spezialisiert auf Fahrerassistenzsysteme im Automobil. Wir entwickeln Gesamtsysteme für OEM im globalen Kontext. Zur Entwicklung der Produkte ist unser Ziel zum Innovationstreiber der Branche zu werden. Gleichzeitig bieten wir unseren Kunden hohe Qualitäts- und Servicestandards.

Zur Anpassung an das internationale System innerhalb unserer Konzernmutter erweitern wir unser Finanzwesen und suchen zum nächstmöglichen Zeitpunkt einen:

Leiter Finanzen (m/w)

Ihre Aufgaben:

- Erstellung termingerechter Monats-, Quartals- und Jahresabschlüsse nach HGB sowie nach IFRS
- Erfassung und Abgrenzung sämtlicher Geschäftsvorfälle
- Weiterentwicklung des Bereichs Finanzen, Buchhaltung und Controlling
- Optimierung und Analyse der Prozesse in der Buchhaltung
- Koordination des Zahlungsverkehr (Ein- und Ausgang)
- Liquiditäts- und Budgetüberwachung
- Permanente Durchführung von Risikokontrollen und Risikomanagement
- Ansprechpartner für Wirtschaftsprüfer, Steuerberater, Banken, Versicherungen und Betriebsprüfer
- Führung und Vertretung von internen und externen Mitarbeitern in der Finanzbuchhaltung
- Darstellen des Interfaces zur Konzernmutter in Asien

Wir erwarten:

- Bilanzbuchhalter (m/w) oder betriebswirtschaftliches Studium mit entsprechend geeignetem Schwerpunkt
- Mind. 5 Jahre Berufserfahrung
- Abschlusssicherheit nach HGB und IFRS
- Sehr gute Kenntnisse in Microsoft Office
- Fundierte Erfahrung im Umgang mit SAP o. ORACLE
- Hoher Grad an Verantwortungsbewusstsein gepaart mit Begeisterungsfähigkeit und hoher Leistungsbereitschaft

Wir bieten:

- Internationales Umfeld durch verteiltes, weltweites Team
- Flexible Arbeitszeitgestaltung
- Offene Firmenkultur und gutes Betriebsklima
- Attraktive Einkommensmöglichkeiten

Der Standort ist äußerst attraktiv durch die deutschlandweit geringste Arbeitslosenquote sowie die Nähe zum Bodensee und den Grenzen zur Schweiz und Österreich.

Haben wir Ihr Interesse geweckt?

Dann senden Sie uns bitte Ihre Unterlagen mit Angabe Ihres Gehaltswunsches, Ihrer Verfügbarkeit, Qualifikationen und Lebenslauf an:

Muster GmbH
Musterstr. 11
99669 Musterstadt
bewerbung@muster.de
www.mustergmbh.de

Wie Sie an diesem Beispiel erkennen, lässt sich eine Stellenanzeige in 5 Informationsblöcke gliedern.

I. Informationen zum Unternehmen

Im ersten Abschnitt stellt sich das Unternehmen vor. Sie erhalten Informationen zur Unternehmensgröße, Branche, Standorte und Reichweite (national/international). Weitere Informationen erhalten Sie in der Regel auf der entsprechenden Firmenhomepage im Internet.

II. Informationen zur Stelle

Ihre zukünftigen Aufgaben werden in Kurzform beschrieben. Ein Abgleich mit Ihrer Leistungsbilanz hilft Ihnen, Parallelen zwischen den Aufgaben der neuen Stelle und Ihren derzeitigen oder früheren Arbeitsgebieten zu finden.

III. Erwartungen an den Bewerber

Hier führt das Unternehmen wichtige Anforderungen an den Wunschkandidaten auf. Die Anforderungen lassen sich in Soft Skills und Hard Skills unterteilen. Weiterhin finden Sie heraus, welche Anforderungen erfüllt werden müssen (Muss-Anforderungen) und welche möglichst erfüllt werden sollten (Kann-Anforderungen).

Nutzen Sie Ihr, in der Stärken-Schwächen-Analyse ausgearbeitetes Persönlichkeitsprofil, um die Erwartungen des Unternehmens mit Ihren Fähigkeiten abzugleichen.

Beachten Sie, dass sich eine Bewerbung auch lohnt, wenn Sie Kann-Anforderungen nicht erfüllen. Versuchen

Sie in diesem Fall die Anforderung durch eine andere Fähigkeit, die für die Position nützlich sein kann, zu ersetzen.

Erfüllen Sie dagegen Muss-Anforderungen nicht, so können Sie sich in der Regel eine Bewerbung sparen.

IV.   Was bietet Ihnen das Unternehmen?

Hier finden Sie Hinweise auf Fort- und Weiterbildungen, Einarbeitungsmaßnahmen etc.

V.   Sonstige Informationen

Der letzte Informationsblock beinhaltet Angaben zur Firmenadresse, Ansprechpartner, Umfang der geforderten Bewerbungsunterlagen und gewünschte Art der Bewerbung. Wurde eine Telefonnummer angegeben, so können Sie einen Informationsvorsprung gegenüber anderen Bewerbern erarbeiten. Sie können beispielsweise erfragen, welche zusätzlichen Fähigkeiten für die ausgeschriebene Stelle von Vorteil sind.

Beachten Sie, dass eine gründliche Auswertung der Stellenanzeige die Basis für passgenaue Bewerbungsunterlagen darstellt! Nur wenn Sie die Erwartungen des Unternehmens kennen, können Sie sich optimal präsentieren.

Das Anschreiben

Das Anschreiben ist der wichtigste Teil der Bewerbung. Es richtet sich direkt an den Empfänger.

In diesem Dokument erfährt der Arbeitgeber, dass es sich um eine Bewerbung auf eine bestimmte Stelle handelt. Er muss klar erkennen können, dass Sie viele Fähigkeiten des Wunschkandidaten besitzen.

Das Anschreiben ist der erste Bestandteil Ihrer Bewerbung, das der Empfänger liest.

Attention

Interest

Desire

Action

AIDA - Prinzip

Er verschafft sich einen ersten Eindruck von Ihnen und vergleicht die Stellenanforderungen mit Ihrem Profil. Versuchen Sie daher, das Anschreiben interessant zu gestalten, um beim Arbeitgeber das Interesse zu wecken, Ihre Bewerbung vollständig zu lesen.

Stellen Sie Ihre persönlichen und fachlichen Stärken heraus und gehen Sie auf relevante, bisherige Tätigkeiten ein.

Ein Bewerbungsanschreiben umfasst genau eine DIN A4 Seite.

Es besteht aus dem Anschreiben-Kopf und dem Anschreiben-Text. Hierbei sind die Grundlagen der DIN 5008 einzuhalten.

Seitenrand links: 24,1 mm
Seitenrand rechts: mind. 8,1 mm
Seitenrand unten: 16,9 mm
Seitenrand oben: 16,9 mm

Verwenden Sie nur Standardschriftarten (Arial oder Times New Roman), Schriftgröße 12 Punkt mit Silbentrennung.

Kopf des Anschreibens

Beginnen Sie mit dem Briefkopf. Dieser beinhaltet die Adressen (Absender & Empfänger), den Betreff und die Anrede.

Absenderadresse

Sie beginnen mit Ihrer Adresse als Block oben links. Die Adresse umfasst Name, Straße, Hausnummer, Postleitzahl, Telefonnummer mit Vorwahl und ggf. Ihre private E-Mailadresse.

Datum und Ort

In der Zeile, in der Ihr Name steht, vermerken Sie rechtsbündig das Datum und den Ort.

Wählen Sie das Datum, an dem Sie voraussichtlich Ihre Bewerbung verschicken.

Bei der Datumsangabe können Sie zwischen der numerischen ("20.06.2012" oder "2012-06-20") und der alphanumerischen Schreibweise ("20.Juni 2012") wählen. Stellen Sie bei einstelligen Ziffern eine führende Null an.

Persönliche Daten

Lassen Sie unter Ihrer Adresse 4 Zeilen frei. Anschließend folgt die Adresse des Empfängers.

Format:
Name des Unternehmens mit Rechtsform
Abteilung bzw. Personalverantwortlicher
Straße, Hausnummer bzw. Postfach
PLZ und Ort

Erkundigen Sie sich telefonisch, ob eine Personalabteilung oder ein entsprechender Ansprechpartner existiert. Im Allgemeinen steht die komplette Adresse jedoch schon in der jeweiligen Stellenanzeige.

Betreff

Lassen Sie 4 Zeilen frei und formulieren Sie den Betreff kurz und präzise. Er hat die Aufgabe, den Bezug zur Stellenanzeige herzustellen. Der Umfang erstreckt sich auf ein bis zwei Zeilen.

Beispiel:
"Bewerbung als ... / Ihre Annonce vom ... in ..."
Vermeiden Sie: *"Betreff: ..."* oder nur *"Bewerbung"*

Wenn Sie bereits im Vorfeld telefonischen Kontakt hergestellt haben, so stellen Sie in der folgenden Zeile den Bezug her.

Beispiel:
"Mein Telefonat mit ... vom ..."

Zur Abgrenzung von Betreff und telefonischen Kontakt können Sie unterschiedliche Formatierungen nutzen.

Anrede

Lassen Sie vor der Anrede 2 Zeilen frei.

Ist der Ansprechpartner bekannt, so schreiben Sie:
"Sehr geehrter Herr ...," oder *"Sehr geehrte Frau ...,"*

Vergessen Sie nicht den akademischen Titel!

Ist der Ansprechpartner unbekannt und lässt sich auch nicht ermitteln, so schreiben Sie: *"Sehr geehrte Damen und Herren,"*.

Nach einer Leerzeile folgt der Text des Anschreibens mit Einleitungssatz, Hauptteil und Grußformel.

DIN 5008 Aufbau:

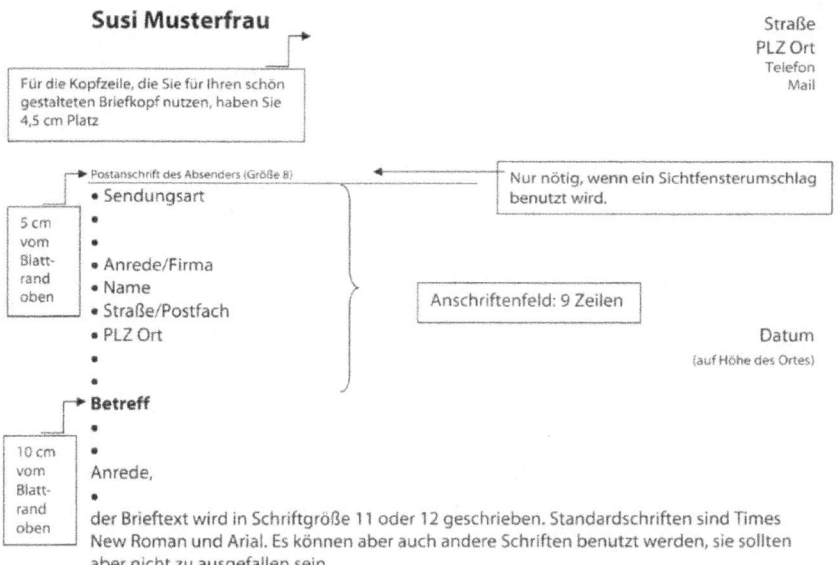

Susi Musterfrau

Straße
PLZ Ort
Telefon
Mail

Für die Kopfzeile, die Sie für Ihren schön
gestalteten Briefkopf nutzen, haben Sie
4,5 cm Platz

Postanschrift des Absenders (Größe 8)

- Sendungsart
-
-
- Anrede/Firma
- Name
- Straße/Postfach
- PLZ Ort
-
-

5 cm
vom
Blatt-
rand
oben

Nur nötig, wenn ein Sichtfensterumschlag
benutzt wird.

Anschriftenfeld: 9 Zeilen

Datum
(auf Höhe des Ortes)

Betreff

-

10 cm
vom
Blatt-
rand
oben

Anrede,

-

der Brieftext wird in Schriftgröße 11 oder 12 geschrieben. Standardschriften sind Times
New Roman und Arial. Es können aber auch andere Schriften benutzt werden, sie sollten
aber nicht zu ausgefallen sein.

-

Der Zeilenabstand sollte auf "einfach" stehen. Möglich ist auch, ihn bis auf 1,3 zu
vergrößeren. Das hat den Vorteil, dass es recht gut aussieht, den Nachteil, dass Sie weniger
schreiben können.

-

Zwischen Absätzen gehört grundsätzlich eine Leerzeile. Dadurch wirkt der Text
aufgelockerter und die Leserin oder der Leser hat nicht das Gefühl, sich durch eine
Textwüste kämpfen zu müssen.

-

Mit freundlichen Grüßen

-

- (Unterschrift)

-

- Vorname Nachname

-

Anlagen

Nachdem Sie im ersten Teil wesentliche Dinge zum Aufbau des Anschreibens erfahren haben, widmen wir uns nun dem eigentlichen Inhalt. Dieser befindet sich als Anschreiben-Text zwischen Anrede und Grußformel. Der Anschreiben-Text setzt sich aus einer Einleitung und dem Hauptteil zusammen.

Verfassen Sie kein Standardanschreiben! Das Anschreiben muss immer auf die Tätigkeit und das Unternehmen abgestimmt werden. Der Leser muss mit dem Schreiben das Gefühl haben, dass Sie wirklich Zeit in die Bewerbung und damit in sein Unternehmen investiert haben.

Schreiben Sie immer im Sinne des Unternehmenserfolges. Welchen Nutzen Sie von der Mitarbeit haben, ist für das Unternehmen leider nur zweitrangig. Im Vordergrund steht der Gewinn für das Unternehmen, der sich aus Ihrer Anstellung ergibt. Stellen Sie sich vor, dass Sie das Produkt und das Unternehmen der Kunde ist. Das Anschreiben ist dazu da, das Produkt gegenüber dem Kunden zu bewerben.

Einleitung

Die Einleitung beginnt kleingeschrieben und umfasst einen Absatz von maximal drei Sätzen. Ziel ist, den Leser neugierig auf den weiteren Text zu machen. Dazu integrieren Sie in die Einleitung am besten eine Schlagzeile, in der Sie Ihre beste Qualifikation nennen, die dem Unternehmen die meisten Vorteile bringt. Diesen Vorteil sollten Sie natürlich auch benennen.

Idealerweise können Sie den Einleitungssatz auch dazu nutzen, um sich über ein Telefonat oder eine anderweitige Kontaktaufnahme zu bedanken. So rufen Sie sich beim Leser in Erinnerung und das Anschreiben macht einen persönlicheren Eindruck. Dabei können Sie auch kurz erläutern, welche konkreten Inhalte Ihnen positiv in Erinnerung geblieben sind.

Vermeiden Sie generell Einleitungen, wie "mit großem Interesse habe ich Ihre Stellenanzeige gelesen" oder gar "Hiermit bewerbe ich mich." Wenn Sie kein Interesse haben, hätten Sie sich nicht beworben. Worauf Sie sich bewerben (Stelle und Annonce), steht im Betreff. Dass Sie sich bewerben, zeigen Sie sogar durch bloße Zusendung von Bewerbungsunterlagen.

Beispiel:

„vielen Dank für das informative und freundliche Telefonat. Ihre Aussagen zur Einführung des A1-Systems finde ich sehr interessant. Als ausgebildeter Fachinformatiker habe ich in meiner Tätigkeit bei XY GmbH bereits umfangreiche Erfahrungen mit diesem System gesammelt und ich bin mir daher sicher, der Richtige für die Stelle zu sein."

Hauptteil

Nach der Einleitung beginnen Sie damit, Ihre Motivation gegenüber dem Unternehmen zu bekunden. Erläutern

Sie, was Ihnen an einer Tätigkeit in dieser Unternehmung besonders gefällt und was diese Firma von anderen Firmen abhebt. Bringen Sie hier ruhig Ihre eigenen Wünsche zum Ausdruck.

Anschließend gehen Sie auf alle Stellenanforderungen ein. Begründen Sie Ihre Eignung anhand von Kenntnissen, Erfahrungen und Interessen. Nennen Sie ausschließlich Qualifikationen, die für die Stelle von Bedeutung sind. Versuchen Sie darüber hinaus, ein bis zwei Kenntnisse zu nennen, die in der Stellenausschreibung nicht aufgeführt sind, aber für die Stelle nützlich sein könnten. Damit zeigen Sie, dass Sie mitdenken.

Führen Sie bei Nennung Ihrer bisherigen Tätigkeiten keine Bewertungen durch, sondern beschränken Sie sich auf Beschreibungen. Sollten Sie persönliche Eigenschaften nennen, so müssen Sie diese am Beispiel belegen. Auf Selbstverständlichkeiten können Sie getrost verzichten. So führt mittlerweile jeder zweite Bewerber Teamfähigkeit auf. Sie müssen aber Eigenschaften nennen, die Sie von Mitbewerbern abheben.

Sofern Ihre bisherigen Tätigkeitsbereiche Parallelen zur Stelle aufweisen, sollten Sie auch diese nennen. Lassen Sie die Tätigkeiten aber nicht isoliert stehen, sondern erläutern Sie in einem Anschlusssatz, welchen Nutzen das für die neue Stelle bedeutet. Vermeiden Sie generell die Angabe zeitlicher Daten. Dafür ist der Lebenslauf da.

Formulieren Sie immer kurze und aussagekräftige Sätze. Zur Vermeidung von Redundanz, prüfen Sie am besten nach jedem Satz, ob dieser eine neue Information enthält, die für die angestrebte Stelle wichtig ist. Nach jeweils drei Sätzen beginnen Sie einen neuen Absatz.

Achten Sie auf die richtige Wortwahl und verwenden Sie Aktiv-Verben. Schreiben Sie beispielsweise nicht "... konnte ich sammeln.", sondern "... sammelte ich."

Der Hauptteil wird mit einem Abschlusssatz beendet. In diesem Satz wird das Vorstellungsgespräch in das Anschreiben eingebunden. Verzichten Sie auf Formulierungen im Konjunktiv ("würde" und "könnte") genauso wie auf wenn-dann-Formulierungen. Setzen Sie den Personalverantwortlichen auch nicht mit Formulierungen, wie "Wann darf ich mich bei Ihnen vorstellen?", unter Druck. Ein gängiger Abschlusssatz ist "Über Ihre Einladung zu einem Vorstellungsgespräch freue ich mich."
Grußformel

Nach einer Leerzeile kommt die Grußformel.

Verwenden Sie hier die gebräuchliche Grußformel "Mit freundlichen Grüßen" oder "Mit freundlichem Gruß".

Anschließend folgt Ihre Unterschrift. Damit bestätigen Sie die Richtigkeit Ihrer Angaben.
Anlagen

Die Anlagen werden im Anschreiben nicht mehr einzeln aufgelistet. Es genügt der Hinweis "Anlagen" unterhalb der Unterschrift.

Wenn Sie sich dennoch dazu entscheiden, Ihre Anlagen (Lebenslauf, Lichtbild, ...) einzeln aufzulisten, so achten Sie darauf, dass die Anlagen untereinander aufgeführt werden und die Reihenfolge identisch mit der

Reihenfolge in der Bewerbungsmappe ist. Sie können die Aufzählung je nach freiem Platz entweder unter der Unterschrift (2 Zeilen Platz lassen) oder rechtbündig (in Höhe der Grußformel) beginnen.
Weitere mögliche Angaben

Die folgenden Angaben können für gewöhnlich vor dem Abschlusssatz aufgeführt werden. Sofern die Informationen vom Arbeitgeber nicht explizit gefordert sind, handelt es sich um keine Pflichtangaben.

Fordert das Unternehmen von Ihnen die Angabe des Gehaltswunsches, so beziehen Sie sich auf das Brutto-Jahresgehalt. Informationen zur Berechnung des Jahresgehalts sowie Beispiele für Formulierungen finden Sie im Artikel Gehaltsvorstellungen.

Frühestmöglicher Eintrittstermin / Kündigung

Geben Sie beim Eintrittstermin keine festen Zeiträume an, sondern wählen Sie eine allgemeine Form.

Beispiel:
"Ein kurzfristiger Einstieg ist mir möglich."

Diese Angabe erfolgt nur, wenn sie gefordert wird.
Bitte um Vertraulichkeit

Wenn Sie nicht möchten, dass sich das Unternehmen bei Ihrem aktuellen Arbeitgeber über Sie erkundigt, schreiben Sie:

"Da ich mich derzeitig in Anstellung befinde, bitte ich Sie, meine Bewerbung vertraulich zu behandeln."

Fordert das Unternehmen von Ihnen die Angabe eines Gehaltswunsches, so beziehen Sie sich immer auf Brutto-Jahresgehälter.

Ermitteln Sie zunächst Ihr aktuelles Jahresgehalt als Basis für die Ermittlung Ihres gewünschten Gehalts. Berücksichtigen Sie darin auch weitere geldwerte Vorteile, wie:

- Weihnachtsgeld
- Urlaubsgeld
- vermögenswirksame Leistungen
- Übernahme von Kosten für Fort- und Weiterbildungen
- zusätzliche Versicherungen
- Stellung eines Dienstwagens
- weitere Leistungen, wie Firmenrabatte, Aktienoptionen, Beteiligungen usw.

Nachdem Sie Ihr aktuelles Jahresgehalt berechnet haben, informieren Sie sich über die üblichen Gehälter bei der angestrebten Arbeitsstelle. Hierfür kann man Zeitschriften und das Internet als Informationsquelle heranziehen.

Allgemein wird das zukünftige Gehalt ca. 10 bis 15 Prozent über dem momentanen Gehalt angesetzt. Dies entspricht in etwa einer Karrierestufe. Beachten Sie zusätzliche Kosten, wie Miet- oder Fahrtkosten, die beim Antritt der neuen Stelle entstehen.

Die Gehaltsvorstellungen werden am Ende des Anschreibens angegeben. Wiederholen Sie kurz die wichtigsten Anforderungen an die Stelle und nennen Sie dann selbstsicher Ihren konkreten Gehaltswunsch. Geben Sie allerdings nicht den kleinsten gemeinsamen Nenner an!

Beispiel:
"Meine Gehaltsvorstellungen liegen bei 44.000,- Euro brutto im Jahr."

Sind Sie bei den weiteren geldwerten Vorteilen (siehe oben) des Unternehmens nicht sicher, so verwenden Sie Gehaltsspannen als Verhandlungsbasis.

Beispiel:
"Meine Gehaltsvorstellungen liegen zwischen 44.000,- und 50.000,- brutto im Jahr."

Weitere mögliche Formulierungen

Direktes Belegen mit relevanten Fähigkeiten:
- *Aufgrund meiner Fähigkeiten A und B sowie meiner Qualifikationen im Bereich Controlling lege ich der Tätigkeit eine Vergütung von ... zugrunde.*

Keine Angabe Ihres Gehaltswunsches, obwohl dies vom Unternehmen gefordert wird:
- *Weitere Informationen zu meinen Fähigkeiten und Qualifikationen sowie zum Gehalt erläutere ich Ihnen gern in einem persönlichen Gespräch.* Beachten Sie, dass Sie dem Unternehmen damit eine Pflichtinformation verweigern!

Der Lebenslauf

Der Lebenslauf informiert lückenlos über Ihren persönlichen und beruflichen Werdegang. Er muss klar gegliedert sein, um dem Leser einen schnellen Überblick zu ermöglichen.

Das Wesentliche muss übersichtlich und in der richtigen Reihenfolge dargestellt werden.
Sie dürfen nichts verfälschen oder verbergen! Sie können natürlich Ihren Lebenslauf ein wenig "schminken". Achten Sie aber darauf, dass keine Lücken entstehen.

Der Lebenslauf sollte mit Computer oder Schreibmaschine geschrieben werden. Der Umfang erstreckt sich auf ein bis maximal zwei Seiten. Zusätzlich kann ein Deckblatt angelegt werden, welches Ihre persönlichen Angaben und das Bewerbungsfoto beinhaltet.

Es gibt den funktionalen, den ausführlichen und den tabellarischen Lebenslauf.

Im funktionalen Lebenslauf werden Berufstätigkeit und Ausbildung(en) in Blöcken zusammengefasst.

Der ausführliche Lebenslauf wird handgeschrieben in Absatzform gestaltet. Diese Art des Lebenslaufes fasst alle Informationen in einem Text zusammen.

Erstellen Sie zuerst einen tabellarischen Lebenslauf und leiten Sie daraus den ausführlichen Lebenslauf ab. Nur auf ausdrücklichen Wunsch sollten Sie diese Form wählen!

Am gebräuchlichsten ist der tabellarische Lebenslauf. Dieser kann chronologisch oder antichronologisch (letzte Tätigkeit zuerst) strukturiert werden. Der antichronologische Aufbau empfiehlt sich, wenn Sie einen umfangreichen Berufsweg vorzuweisen haben.
Schneiden Sie den Lebenslauf auf das jeweilige Unternehmen und die Tätigkeit zu. Den allgemeingültigen Musterlebenslauf gibt es nicht!

Inhalt des tabellarischen Lebenslaufes

Grundsätzlich ist von doppelten Formatierungen, wie zum Beispiel fett und unterstrichen abzusehen.

Eingeleitet wird der Lebenslauf mit der Überschrift "Lebenslauf". Die Ausrichtung ist Ihnen überlassen (linksbündig oder zentriert).

Oben rechts wird in der Regel das Bewerbungsfoto angebracht.

Anschließend folgen die einzelnen Gliederungspunkte.

Persönliche Daten
Name: Titel/Diplomgrad,   Vor-   und
Zuname
Anschrift: Musterstraße 4
                         01800 Musterdorf

Telefon: ...
E-Mail: ...

Geburtsdatum und
-ort: 19.08.1977 in Musterdorf
                    Bei Ausländern ist zusätzlich das
                    Land anzugeben.
Staatsangehörigkeit: Nur angeben, wenn sich die
                    Staatsangehörigkeit nicht aus dem
                    Namen ableiten lässt.
Familienstand: ledig/verheiratet/..., Anzahl der
                    Kinder, Alter der Kinder

Die folgenden Gliederungspunkte sind als Beispiel zu
verstehen und sind, je nach Werdegang, unterschiedlich
zu strukturieren. Es gilt: Geben Sie nicht nur Zeiträume
an, sondern auch Aufgabenbereiche und Erfahrungen.

Schulische Ausbildung
[Jahreszahlen]   Name, Ort und Typ der Schule mit
                    Abschluss
                    Die Abschlussnote wird in
Klammern   angegeben.

                    Beispiel:
                    Goethe Gymnasium in Potsdam,
                    Abschluss: Abitur (2,0)

Grundwehrdienst/Zivildienst
[Monat/Jahr]   Gehen Sie insbesondere auf den Tä-
                    tigkeitsbereich ein.

                    Beispiel:
                    Wehrpflichtiger, Tätigkeit als
                    Militärkraftfahrer in
                    Frankfurt/Oder

Berufliche Ausbildung

[Monat/Jahr]   Unternehmen mit Ausbildungsort, Art

der Ausbildung, Abschluss

Studium

[Monat/Jahr]   Name der Fachhochschule bzw. Uni-

versität
Studiengang/-fach
Vertiefungsrichtung
Abschluss mit Note
eventuell Thema der Arbeit und Promotion

Praktika

[Monat/Jahr]   Unternehmen, Ort und
      Tätigkeitsbe-

reich

Beruflicher Werdegang

[Monat/Jahr]   Unternehmen, Ort sowie eine kurze
Darstellung der Aufgabenbereiche
Heben Sie Aufgaben hervor, die für
die angestrebte Stelle relevant sind.

Berufliche Weiterbildung

[Monat/Jahr]   Art und Abschluss (zum Beispiel
Seminare)

Weitere Gliederungspunkte könnten sein:
Auslandserfahrungen

Sprachkenntnisse

EDV-Kenntnisse

Interessen und Hobbys

Nur Angaben von Hobbys, die für die angestrebte Stelle relevant sind. Vermeiden Sie Risikosportarten, wie Fallschirmspringen o.ä.!

Referenzen
Sonstiges

Beschreibung von Tätigkeiten, die unter keinen anderen Gliederungspunkt fallen.

Vermeiden Sie Angaben der Art "seit 06/2004 arbeitslos". Beschreiben Sie stattdessen, wie die Zeit in der Bewerbungsphase genutzt wurde (zum Beispiel Recherchen, Fortbildungen etc.).

Ort, Datum, Unterschrift
Mit Ihrer Unterschrift bestätigen Sie die Richtigkeit und Aktualität der gemachten Angaben. Unterschreiben Sie leserlich mit Vor- und Zuname. Verwenden Sie keine Grußformel!

Abschlüsse und Befähigungen müssen durch Zeugniskopien belegt werden.

Vorteile des tabellarischen Lebenslaufes

- verschiedene Bewerber lassen sich leicht miteinander vergleichen

- schnelle Erfassung wichtiger Daten
- viele Informationen lassen sich auf nur einer Seite unterbringen
- Daten lassen sich schnell wiederfinden

Die Dritte Seite

Die "Dritte Seite" können Sie nutzen, um Ihrer Bewerbung weitere Mitteilungen hinzuzufügen. Sie ist keine Pflichtunterlage, sondern nur eine "Zugabe". Ihren Ursprung findet sie bei den Autoren Hesse/Schrader.

Da der Verantwortliche für die Auswahl des Personals keine zusätzliche Seite erwartet, wird sie meist besonders aufmerksam gelesen. Durch geschickte Argumentation können Sie sich hier von Mitbewerbern abheben.

Innerhalb der Bewerbungsunterlagen findet die Dritte Seite ihren Platz nach dem Lebenslauf.

Aufbau der Dritten Seite

Die Dritte Seite umfasst, wie der Name bereits sagt, genau eine DIN A4 Seite.

Begonnen wird mit einer Überschrift. Diese muss interessant gewählt sein, um die Neugierde des Lesers zu wecken.

Beispiele für eine Headline

- "Ich über mich"

- "Zu meiner Person ..."
- "Meine Motivation"
- "Was sie sonst noch über mich wissen sollten ..."

Der eigentliche Text umfasst nur wenige, kurze Sätze. Schreiben Sie keine Romane, sondern bringen Sie Ihre Botschaft auf den Punkt. Beschränken Sie sich auf maximal 15 Zeilen.

Beendet wird die Seite mit der Angabe von Datum und Ort sowie Ihrer Unterschrift (Vor- und Zuname).

Bei der Erstellung gilt:
Seien Sie kreativ und gestalten Sie die Seite optisch ansprechend. So können Sie bspw. unterschiedliche Formatierungen nutzen. Für die Unterschrift ist blaue Tinte zu empfehlen.

Hier zwei Beispiele für das Layout:

<Überschrift>	<Überschrift 1.Ordnung>
<Absatz 1>	<Überschrift 2.Ordnung> <Absatz>
<Absatz n>	< Überschrift 2.Ordnung > <Absatz>
Datum, Ort Unterschrift	Datum, Ort Unterschrift

Inhalt der Dritten Seite

Mögliche Seiteninhalte können sein:

- Motivation für die Bewerbung
- Zu meiner Person
- Was habe ich zu bieten?
- Persönliche und fachliche Informationen
- Besondere Kompetenzen und Qualifikationen
- Was ist mir wichtig
- Argumente für meine Einstellung

Der Textinhalt muss natürlich mit der Überschrift korrespondieren.

Beachten Sie, dass das Bewerbungsanschreiben aufgrund der Vielzahl eingehender Bewerbungen vom Personalverantwortlichen oft nur überflogen wird. Daher empfiehlt es sich, in der Dritten Seite wichtige Verkaufsargumente aus dem Anschreiben oder Lebenslauf aufzugreifen.

Achten Sie darauf, keine leeren Worthülsen (wie "Ich bin zuverlässig, belastbar ...") zu verwenden, sondern diese immer mit Beispielen zu belegen.

Wichtig!
Nutzen Sie die Dritte Seite nur, wenn Sie dem Personalverantwortlichen wirklich etwas Wichtiges mitteilen wollen! Ansonsten kann sich die Seite sogar negativ auf Ihre Bewerbung auswirken.

Das Deckblatt

Wahlweise können Sie Ihren Bewerbungsunterlagen auch ein persönliches Deckblatt hinzufügen. Dadurch verleihen Sie Ihrer Bewerbung eine besondere Note und heben sich von anderen Bewerbern ab!

Das Deckblatt gehört hinter das Anschreiben und ist damit die erste Seite in Ihrer Bewerbungsmappe. Es führt zu dem weiteren Inhalt und bildet einen schönen Rahmen für die folgenden Seiten.

Wenn Sie es optisch ansprechend gestalten, wecken Sie Neugier und Sympathie.

Inhalt und Aufbau des Deckblattes

Titel	Wählen Sie einen aussagekräftigen Titel wie, zum Beispiel "Bewerbung als ..." oder "Bewerbungsunterlagen"
Lichtbild	Platzieren Sie Dieses unterhalb der Überschrift. Dadurch erhalten Sie mehr Platz auf dem Lebenslauf.
Ihr Name	Vor- und Zuname Ihre vollständige Anschrift (Straße, PLZ und Ort
Kontakt	Telefon Mobilfunk-Nummer

Inhaltsverzeichnis	Fax (wenn vorhanden
	E-Mail-Adresse
	Dadurch wird dem Leser ermöglicht, einen schnellen Überblick über Ihre Zeugnisunterlagen zu bekommen, ohne sie einzeln durchzugehen.

Das Inhaltsverzeichnis sollte aber nur dann angefertigt werden, wenn den Unterlagen mehrere Zeugnisse beigefügt werden.

Wichtig!

Bewerbungsschreiben und Bewerbungsfoto sind keine Anlagen und werden daher nicht aufgeführt.

Mit Schriftarten, Schriftgrößen und Textanordnungen können Sie frei experimentieren.

Innerhalb Ihrer Bewerbung sollten Sie jedoch eine Schriftart beibehalten.

BEWERBUNG

als

Vertriebsleiter Deutschland

bei der

Mustermann GmbH

Ihre Stellenausschreibung bei

www.headhunter100.com

(alternativ: auf Ihrer Firmenwebseite oder weg lassen)

Max Mustermann

Musterstrasse 123

12345 Musterstadt

Tel.: +49 (0)69 / 123456789

Mobil: +49 (0)171 / 123456789

E-Mail: M.Mustermann@gmail.com

Bewerbungsfoto

optional

einfügen

Anlagen (oder: Inhaltsverzeichnis):

(1) Tabellarischer Lebenslauf
(2) Zeugnisse
(3) Ausbildungszertifikate
(4) Referenzen

Das Bewerbungsfoto

Mit dem Inkrafttreten des Allgemeinen Gleichbehandlungsgesetzes (AGG) im August 2006 sind Sie nicht mehr verpflichtet, Ihren Bewerbungsunterlagen ein Bewerbungsfoto beizulegen. Sie werden dahingehend sicher bereits festgestellt haben, dass die Unternehmen in ihren Stellenanzeigen das Lichtbild nicht mehr aktiv einfordern. Unabhängig davon ist es in Deutschland noch durchaus üblich, ein Bewerbungsfoto mitzuschicken.

Das Bewerbungsfoto zeigt, wie Sie das Unternehmen nach außen präsentieren wollen. Gehen Sie daher besonders sorgfältig bei der Erstellung und Auswahl Ihres Lichtbildes vor. Sie entscheiden, ob Sie Zurückhaltung oder Offenheit ausdrücken. Erstellen Sie ein Foto, mit dem Sie sich identifizieren können.

Verwenden Sie aus Qualitätsgründen keine Automatenfotos, Polaroid-Fotos oder eingescannte Fotos! Investieren Sie in einen professionellen Fotografen bzw. ein Portraitstudio.

Das Bewerbungsfoto darf maximal 2 Jahre alt sein. Zwischen Ihrem jetzigen Aussehen und dem auf Ihrem Foto dürfen keine Welten liegen.

Tipps zum Erscheinungsbild

Achten Sie auf eine gepflegte Erscheinung. Zeigen Sie sich souverän und lächeln Sie natürlich. Das signalisiert Offenheit und Freundlichkeit. Lassen Sie Ihr Bewerbungsfoto von Freunden bewerten.

Die Kleidung sollte arbeitsplatzbezogen sein. Wählen Sie die Kleidung entsprechend der Position, auf die Sie sich bewerben. So bietet sich für Führungskräfte der Anzug mit Krawatte an.

Bei Damen sollte Schmuck und Make-up dezent verwendet werden.

Gehen Sie ausgeschlafen zum Fotografen und lassen Sie sich ausreichend Ruhe.

Größe und Position in den Bewerbungsunterlagen

Das Bewerbungsfoto befindet sich entweder auf dem Deckblatt oder oben rechts auf dem Lebenslauf.

Im Lebenslauf sollte das Bewerbungsfoto etwas größer als ein Passbild sein (circa 4,5 x 6,5 cm).

Wenn Sie sich für die Einbindung auf dem Deckblatt entscheiden, können Sie etwas kreativer vorgehen. So kann das Foto etwas größer gewählt werden, beispielsweise in den Abmaßen 6 x 9 cm. Auch abweichende Formate, wie ein Foto im Querformat sind durchaus denkbar. In der Regel ist sowohl auf dem Lebenslauf als auch auf dem Deckblatt ein farbiges Foto einem Schwarzweiß-Foto vorzuziehen.

Zusätzlich sollten Sie auf der Rückseite des Lichtbildes Ihren Namen und Adresse angeben, für den Fall, dass sich das Lichtbild aus den Bewerbungsunterlagen herauslöst.

Befestigen können Sie das Foto mit Klebepunkten oder doppelseitigem Klebeband. Vermeiden Sie Büroklammern.

Eine häufige Frage ist, ob man ein Bewerbungsfoto auch für mehrere Bewerbungen verwenden darf. Natürlich können Sie ein Lichtbild mehrfach verwenden. Achten Sie allerdings darauf, dass die Qualität des Fotos nicht beeinträchtigt ist (geknickte Ecken o.ä.).

Um schnell auf interessante Stellenangebote reagieren zu können, empfiehlt es sich, immer eine ausreichende Anzahl Bewerbungsfotos vorrätig zu haben.

Die Bewerbungsmappe

Auf Klemm- oder Schnellhefter sollten Sie verzichten.

Wählen Sie besser Bewerbungsmappen aus farbigen Karton, um sich von anderen Bewerbern abzuheben! Die Bewerbungsmappe muss der Stelle entsprechen. Daher sollten ruhig ein paar Euro eingeplant werden.

Bestandteile

Vollständige Bewerbungsunterlagen umfassen:

- ✓ Anschreiben (mit Unterschrift und aktuellem Datum)
- ✓ Lebenslauf (mit Unterschrift und aktuellem Datum) mit Lichtbild
- ✓ Zeugnisse

Diese Bestandteile müssen in die Bewerbungsmappe geheftet werden.

Reihenfolge der Bewerbungsunterlagen

- Bewerbungsschreiben (lose beigelegt!)
- Deckblatt mit Lichtbild (wahlweise)
- Lebenslauf (mit Lichtbild, wenn kein Deckblatt vorhanden ist)
- Referenzen (wenn vorhanden)
- Arbeitszeugnisse (chronologisch rückwärts)

- Zeugnis der Berufsqualifizierung (Diplom etc.)
- Weiterbildungen und Zertifikate
- Anlagenverzeichnis (wahlweise)

Vorn in die Mappe wird das Anschreiben lose hineingelegt. Das hat rechtliche Gründe, da das Bewerbungsschreiben dem Unternehmen und die Bewerbungsmappe mit Inhalt Ihnen gehört. Bei aufwendigeren Bewerbungsmappen gibt es auch ein Klarsichtfenster, in welches man den "Brief" steckt.

Sollten Ihre Bewerbungsunterlagen umfangreiche Anlagen enthalten, so können Sie auch ein separates Anlagenverzeichnis erstellen. In das Anschreiben schreiben Sie dann nur "Anlagen", anstatt die gesamten Anlagen aufzulisten.

Bevor Sie die Mappe in einen Umschlag stecken und versenden, sollten alle Seiten kopiert werden. Ansonsten besteht die Gefahr, dass nach Wochen vieles vergessen wird.

Auf was sollte geachtet werden?

- Vollständigkeit der Bewerbungsunterlagen!
- Die Unterlagen müssen auf dem letzten Stand sein.
- Vermeiden Sie doppelseitig bedruckte Unterlagen
- Unternehmen verwenden i.d.R. den Einzelblatteinzug, um Ihre Bewerbungsunterlagen zu vervielfältigen. Daher könnten auf der Rückseite angebrachte Informationen verloren gehen.
- Zeugnisse nie im Original beilegen!

- Kopien genügen und müssen nicht beglaubigt werden. Die Kopien der Zeugnisse und Arbeitsproben müssen beste Qualität aufweisen!
- Unterlagen nur einmal verwenden!
- Ein geschultes Auge sieht das sofort!
- Versenden Sie Ihre Bewerbungsmappe auf dem ganz normalen Postweg. Nicht als Express oder Einschreiben!

Keine Rückantwort?

Nach Absenden der Bewerbungsunterlagen kann man nach drei Wochen telefonisch nachfragen. Wurde allerdings in der entsprechenden Stellenanzeige darum gebeten, Rückfragen zu unterlassen, sollte man das respektieren. Nach über einem Monat kann man aber auch in diesen Fällen nachfragen. Mehr Informationen zu diesem Thema finden Sie im Abschnitt Vorstellungsgespräch.

Zeugnisse

Wie bereits in der Rubrik Bewerbungsmappen erläutert, gehören zu einer vollständigen Bewerbung, neben Anschreiben, Lebenslauf und optionalen Deckblatt, auch für den Arbeitsplatz relevante Zeugnisse und Bescheinigungen.

Dazu gehören:

- Arbeitszeugnis oder Zwischenzeugnis
- Tätigkeitsbeschreibung (als Alternative zum Zwischenzeugnis)
- Zeugnis der Berufsqualifizierung
- sonstige Leistungsnachweise

Legen Sie diese Bewerbungsunterlagen nur als Kopien der Bewerbungsmappe bei. Achten Sie dabei auf gute Qualität und Sauberkeit!

Beglaubigung der Zeugnisse

Zeugnisse sollten beglaubigt werden, sie müssen es aber nicht! Allerdings ist eine Beglaubigung häufig mit Gebühren verbunden. Lassen Sie daher Ihre Zeugnisse nur beglaubigen, wenn es vom Arbeitgeber explizit gefordert ist.

Das Arbeitszeugnis

Als Arbeitnehmer haben Sie gesetzlichen Anspruch auf ein Arbeitszeugnis. Das Zeugnis muss wahrheitsgemäß und wohlwollend formuliert sein.
Unterschieden wird in einfaches und qualifiziertes Zeugnis. Weiterhin gibt es das Zwischenzeugnis.

Das einfache Arbeitszeugnis

Das einfache Arbeitszeugnis beinhaltet lediglich Angaben zu Ihren Personalien und Art und Dauer der Beschäftigung. Es enthält keine Informationen zu Aufgaben oder Tätigkeiten und keine Leistungsbewertung.

Bei dieser Zeugnisart kann Ihnen der zukünftige Arbeitgeber aber unterstellen, dass Sie nur ein einfaches Arbeitszeugnis gefordert haben, um über schlechte Leistungen hinwegzutäuschen.
Verlangen Sie daher von Ihrem Arbeitgeber immer ein qualifiziertes Arbeitszeugnis!

Das qualifizierte Arbeitszeugnis

Das qualifizierte Arbeitszeugnis umfasst, neben den Informationen im einfachen Arbeitszeugnis, detaillierte Angaben zu Ihren Arbeitsbereichen und eine Leistungsbeurteilung.

Achten Sie bei der Beschreibung Ihrer Tätigkeiten darauf, dass alle wesentlichen Aufgaben genannt werden und in der richtigen Reihenfolge aufgeführt sind (wichtigste Aufgaben zuerst).

Den Grad der Zufriedenheit drückt der Arbeitgeber über die Leistungsbeurteilung aus. Kriterien können bspw.

Fachkenntnisse, Leistungsbereitschaft, Arbeitsqualität und -tempo sein.

Zu diesem Zweck sind in der Leistungsbeurteilung Formulierungen enthalten, die sich relativ einfach in Schulnoten überführen lassen.
Beachten Sie, dass schwammig formulierte oder schlechte Bewertungen Ihrem beruflichen Vorankommen im Wege stehen können. Prüfen Sie daher die Formulierungen in Ihrem Arbeitszeugnis genau! Gegebenenfalls können Sie von Ihrem Arbeitgeber eine Nachbesserung fordern.

Anbei finden Sie einige Beispiele für Formulierungen mit Übersetzung in die jeweilige Schulnote.

Formulierung	Schulnote
... stets zu unserer vollsten Zufriedenheit ...	1
... stets zu unserer vollen Zufriedenheit ...	2
... zu unserer vollen Zufriedenheit ...	3
... zu unserer Zufriedenheit ...	4
... im Großen und Ganzen zufrieden ...	5
... hat sich bemüht ...	6

Arbeitgeber nutzen verschlüsselte Nachrichten, sogenannte Geheimcodes. Dazu gehören die äußeren Merkmale des Arbeitszeugnisses, abwertende Formulierungen und K.O.-Formulierungen.

Das Arbeitszeugnis muss frei von Grammatik- und Rechtschreibfehlern und einfach lesbar sein.

Die Gestaltung repräsentiert die Wertschätzung des Arbeitgebers für Ihre Arbeitsleistung. Ein schlecht gestaltetes Zeugnis übermittelt die Botschaft, dass Sie schlechte Leistungen erbracht haben.

Achten Sie darauf, dass das Arbeitszeugnis keine abwertenden Formulierungen enthält.

Einige Beispiele finden Sie nachfolgend.

- Der Arbeitnehmer hat
  "...sich engagiert für Arbeitnehmerinteressen eingesetzt...".
  Hier soll dem neuen Arbeitgeber signalisiert werden, dass der Arbeitnehmer aktives Gewerkschaftsmitglied und eventuell sogar streitbarer Betriebsrat war.

- Der Arbeitnehmer
  "... machte häufig Vorschläge zu Arbeitserleichterungen".
  Dies ist ein Hinweis auf einen faulen und bequemen Arbeitnehmer, der keinen ausreichenden Einsatz zeigte. Ganz **anders** sieht es aus, wenn der Zusatz *"...wodurch Produktionskosten eingespart werden konnten"* in das Zeugnis aufgenommen wurde: Der Arbeitnehmer beteiligte sich aktiv an der effektiveren Gestaltung des betrieblichen Produktionsablaufs.

- Die Bemerkung, der Arbeitgeber
  "...war immer für einen Verbesserungsvorschlag gut", ist nur dann positiv zu verstehen, wenn der Arbeitgeber zusätzlich klarstellt, dass die Verbesserungsvorschläge auch umgesetzt wurden. Andernfalls wird der Arbeitnehmer

durch diese Beurteilung als Querulant und Besserwisser bezeichnet.

- Die Bemerkung
  "...war sehr tüchtig und in der Lage, seine eigene Meinung zu vertreten",
  soll signalisieren, dass der Arbeitnehmer eine hohe Meinung von sich hat und deshalb keine Kritik verträgt.

- Die Bemerkung
  "...verfügt über Fachwissen und hat ein gesundes Selbstvertrauen",
  heißt nichts anderes, als dass der Arbeitnehmer große Sprüche klopft, um mangelndes Fachwissen zu überspielen.

- Die Bemerkung
  "...er war sehr tüchtig und wusste sich gut zu verkaufen",
  soll signalisieren, dass der Arbeitnehmer ein unangenehmer Zeitgenosse und Wichtigtuer sei, dem es an Kooperationsbereitschaft fehlt.

- Die Bemerkung
  "... war ein anspruchsvoller und kritischer Mitarbeiter",
  kann wie folgt übersetzt werden: Der Arbeitnehmer war eigensüchtig, pocht anderen gegenüber auf seine Rechte und nörgelt gerne.

- Wird der Arbeitnehmer als
  "...toleranter Mitarbeiter"
  bezeichnet, so signalisiert das, dass er ein "schwerer Brocken" sei.

- Steht im Zeugnis, dass der Arbeitnehmer
  "...stets zur Verbesserung des Betriebsklimas beigetragen hat...",
  soll damit zum Ausdruck gebracht werden, dass er dem Alkohol mehr als zuträglich zuspricht und/oder Klatsch und Tratsch weitererzählt hat. Gleiches gilt auch für
  "...war wegen seiner Geselligkeit bei der Belegschaft beliebt".

- Die Bemerkung:
  "...bewies viel Einfühlungsvermögen in die Probleme anderer Mitarbeiter",
  bedeutet nichts anderes, als dass der Arbeitnehmer auf Sexualkontakte mit Kollegen aus war oder solche gar gehabt hat.

- Die Bemerkung
  "...war stets pünktlich",
  findet sich in Zeugnissen nur, wenn dem Chef einfach nichts Positives über den Arbeitnehmer einfallen wollte. Pünktlichkeit ist schließlich selbstverständlich! Wenn sie trotzdem ausdrücklich erwähnt wird, bedeutet das: Als Arbeitskraft nicht empfehlenswert, aber wenigstens immer pünktlich.

Ein weiterer wichtiger Aspekt sind K.O.-Formulierungen.

Diese umfassen u.a. die Nutzung des Passivs und Nicht-Formulierungen.

Ist der Arbeitgeber mit Ihren Leistungen sehr zufrieden, so endet das Arbeitszeugnis mit guten Wünschen für Ihre weitere berufliche Zukunft.
Zwischenzeugnis

Aus besonderen Gründen, wie beispielsweise ein Wechsel des Vorgesetzten, können Sie für ein bestehendes Arbeitsverhältnis ein Zwischenzeugnis verlangen. Das Zwischenzeugnis entspricht inhaltlich dem qualifizierten Arbeitszeugnis.

Tätigkeitsbeschreibung

Nennen Sie in den Bewerbungsunterlagen namentlich Ihren derzeitigen Arbeitgeber, so müssen Sie damit rechnen, dass Informationen über Sie eingeholt werden. Das ist allerdings von vielen Bewerbern nicht erwünscht. Insbesondere, wenn man sich in einem ungekündigtem Arbeitsverhältnis befindet. Durch das vorzeitige Bekanntwerden einer Wechselabsicht könnten sich Nachteile im Unternehmen ergeben.

Lassen Sie in diesem Fall den Namen Ihres Unternehmens im Anschreiben und Lebenslauf weg. Verwenden Sie stattdessen Formulierungen, wie zum Beispiel: *"... in einem Unternehmen der Halbleiterbranche"*. Zusätzlich können Sie um Vertraulichkeit bitten.

Ihrer Bewerbungsmappe können Sie, alternativ zu einem Zwischenzeugnis, eine Tätigkeitsbeschreibung beilegen.

In dieser Tätigkeitsbeschreibung notieren Sie stichwortartig Ihre derzeitigen Tätigkeiten und Projekte. Achten Sie darauf, Ihre Tätigkeiten nur zu beschreiben. Vermeiden Sie Bewertungen!

Eine weitere Alternative zum Zwischenzeugnis bildet die Erstellung der Leistungsbilanz.

Zeugnis der beruflichen Qualifizierung

Fügen Sie Ihren Bewerbungsunterlagen weiterhin das Zeugnis der neuesten Berufsqualifizierung hinzu. Dazu gehört im Falle einer Berufsausbildung der entsprechende Brief bzw. das Zertifikat. Beim Studium legen Sie, zusätzlich zu der Urkunde, Ihr Abschlusszeugnis mit dem Notenschnitt bei.

Sollte das Abschlusszeugnis zum Zeitpunkt der Bewerbung noch nicht vorliegen, so fügen Sie auf jeden Fall das letzte Zwischenzeugnis bei.
Beim Schulabschlusszeugnis gehen die Meinungen auseinander. Einige Unternehmen fordern es selbst nach 20-jähriger Berufstätigkeit. Andere legen darauf gar keinen Wert. Legen Sie daher das Schulabgangszeugnis lieber bei.

Es ist nur das zuletzt erworbene Abschlusszeugnis (z.B. Fachhochschulreife) relevant.

Sonstige Nachweise

Sonstige Leistungsnachweise umfassen Zertifikate und Bescheinigungen über Zusatzqualifikationen.

Dazu gehören Bescheinigungen über:

- Fort- und Weiterbildungen
- Sprachkenntnisse
- Computerkenntnisse
- Soft Skills (soziale Kompetenz etc.)
- Arbeitsproben
- Referenzen

Legen Sie Ihren Bewerbungsunterlagen nur Bescheinigungen bei, die in Bezug zur angestrebten Stelle stehen. Sehen Sie von "selbstverständlichen Qualifikationen" ab. So ist zum Beispiel ein Nachweis über einen Grundkurs in Microsoft Word zu vernachlässigen.

Arbeitsproben sind nur in bestimmten Branchen, wie bspw. im kreativen Bereich, von Bedeutung. Legen Sie Ihrer Bewerbung aber nur Arbeitsproben bei, wenn Sie dazu aufgefordert werden! Selbiges gilt für Referenzen.

Nach dem Versand der Bewerbungsunterlagen

Nachdem Sie Ihre Bewerbungsunterlagen an das Wunschunternehmen versendet haben, beginnt die Wartezeit. Lehnen Sie sich zurück und warten Sie geduldig auf die Reaktion des Unternehmens...

NEIN!

Heften Sie zunächst die Kopie Ihre versendeten Bewerbungsunterlagen mit der entsprechenden Stellenanzeige ab. Nur so wissen Sie auch nach Wochen, wie und auf was Sie sich bei dem Unternehmen beworben haben.

Vermeiden Sie einen sofortigen Urlaubsantritt, sondern bleiben Sie stets telefonisch erreichbar. Oft tauchen kurzfristig Fragen auf, für welche Sie das Unternehmen dann kontaktiert.

Nutzen Sie die verbleibende Zeit, um sich weiter zu bewerben.

Häufig wird gefragt, wie lange man warten muss, bis man sich nach dem aktuellen Stand des Bewerbungsverfahrens erkundigen kann.

Diese Frage soll hier geklärt werden.

Nachfassaktionen

Bei der Wahl des Zeitraums ist Fingerspitzengefühl gefragt. Beachten Sie, dass die Bewerberauswahl für ein Unternehmen häufig ein zeitaufwendiger und damit kostenintensiver Prozess ist. Unternehmen warten zunächst 1 bis 2 Wochen, bis der Großteil der Bewerbungen eingegangen ist und beginnen erst anschließend mit der Sichtung der Unterlagen.

Gehen Sie daher realistisch mit der Wahl des Zeitraums um, und fragen Sie nicht zu früh (aber auch nicht zu spät!) nach.
In der Regel können Sie sich aber nach 3 Wochen über den aktuellen Stand des Bewerbungsverfahrens erkundigen. Bei einer Initiativbewerbung ist der Zeitraum entsprechend höher anzusetzen.

Fassen Sie telefonisch nach, da Sie über das Telefon gleich einen persönlichen Eindruck vermitteln können. Fühlen Sie sich beim Telefonieren unwohl, so üben Sie es mit Freunden und Bekannten. Das gibt Ihnen Feedback und Sicherheit! Ein persönliches Telefonat ist einer E-Mail in jedem Fall vorzuziehen!

Legen Sie sich Ihre Bewerbungsunterlagen (Bewerbungsschreiben & Lebenslauf) sowie die Stellenanzeige, auf die Sie sich beworben haben, zurecht. Schalten Sie eventuelle Störfaktoren aus, um in Ruhe telefonieren zu können.
Beachten Sie, dass sich aus dem Telefonat spontan ein Bewerbungsgespräch entwickeln kann! Legen Sie daher auch Schreibzeug bereit.

Kontaktieren Sie immer den in der Stellenanzeige angegebenen Ansprechpartner! Ist dieser nicht bekannt, so fragen Sie sich ggf. über die Zentrale durch.
Und das Wichtigste: Definieren Sie realistische Gesprächsziele!

Ziele könnten, neben der Frage nach dem aktuellen Bewerbungsstand, sein:

> Bekundung des Interesses an der Position
> Klärung offener Fragen zur Stelle bzw. Tätigkeit
> Weiterer Ablauf im Bewerbungsprozess

Beginnen Sie das Telefonat in jedem Fall mit einer kurzen Einleitung, damit der Personalverantwortliche Ihre Bewerbung zuordnen kann.

Anbei haben wir Sie noch einige weitere:

▪ Bleiben Sie freundlich

- Erregen Sie **kein** Mitleid (*"Denken Sie, dass ich eine Chance habe?"*)
- Verhalten Sie sich nicht vorwurfsvoll oder ungeduldig
- Verwenden Sie Schlagworte, die einen Bezug zwischen Ihrer derzeitigen Stelle und der Wunschposition haben
- Setzen Sie den Personalverantwortlichen nicht unter Druck
-

Umgang mit einer Absage

Wer Zeit und Mühe in eine Bewerbung steckt, ist natürlich enttäuscht, wenn eine Absage im Briefkasten oder E-Mail-Postfach landet. Zumal dann, wenn man bereits zu einem Vorstellungsgespräch eingeladen wurde, welches gut verlief.

Häufig erhält man leider nur eine allgemeine Absage, die einem nicht dabei hilft, Fehler zu erkennen und es beim nächsten Mal besser zu machen. Trotzdem gibt es einige Strategien, mit denen man aus einer Absage einen Nutzen für zukünftige Bewerbungen ziehen kann.

Die Analyse der Bewerbung

Wenn eine Absage kommt, ohne dass vorher ein Bewerbungsgespräch stattgefunden hat, sollten die Bewerbungsunterlagen noch einmal gründlich geprüft werden. Ist der

Lebenslauf selbsterklärend? Ist das Anschreiben wirklich auf das entsprechende Stellenangebot zugeschnitten? Stimmen die Formate, Schriftgrößen sowie Rechtschreibung und Grammatik? Schon der kleinste Fehler kann nämlich dazu führen, dass die Bewerbungsunterlagen aussortiert werden. Größere Sicherheit bringt es, wenn ein unabhängiger Dritter die Unterlagen noch einmal ehrlich und objektiv prüft.

Wenn die Absage nach einem Bewerbungsgespräch eingeht, steht zumindest eins fest: Die Bewerbungsunterlagen waren sehr gut. Ansonsten wäre es gar nicht zu dem Gespräch gekommen. Nun muss aber das Gespräch noch einmal durchgegangen werden. Wie verlief es? Konnten alle Fragen beantwortet werden? Auf welche Situationen könnte man sich beim nächsten Mal besser vorbereiten? Erst wenn alle diese Fragen geklärt sind, hat es einen Wert, eine neue Bewerbung anzugehen.

Wenn nachhaken, dann richtig

Nur in sehr seltenen Fällen erhalten Bewerber, die eine Absage bekommen, die Gründe hierfür genannt. Das kann verschiedene Ursachen haben. Zum einen erhalten große Unternehmen sehr viele Bewerbungen. Der bürokratische Aufwand, den individuelle Absagen bedeuten würden, ist ihnen zu hoch. Deswegen werden Standardabsagen verschickt.

Des Weiteren gibt es das sogenannte „Allgemeine Gleichbehandlungsgesetz (AGG)“. Dieses soll eine Diskriminierung von Bewerbern aufgrund von Geschlecht oder Staatsangehörigkeit verhindern. Um nicht angreifbar zu werden, vermeiden Unternehmen konkrete Gründe in den Absagen.

Es kann aber sehr sinnvoll sein, wenn man genauer nach den Gründen fragt. Zum einen wird man so für die nächste Bewerbung klüger. Zum anderen kann man sich dem Personalleiter noch einmal ins Gedächtnis rufen. Allerdings ist eine Erkundigung ohne vorheriges Bewerbungsgespräch sehr schwer. Es gibt dann nämlich keinen konkreten Ansprechpartner, an den man sich wenden kann. Wer allerdings schon bei einem Bewerbungsgespräch war, kann sich an den Interviewer wenden und auf das Gespräch Bezug nehmen. Dies sollte am besten telefonisch geschehen.

In einem solchen Gespräch sollte die konkrete Frage nach den Gründen der Absage vermieden werden. Denn auch bei solchen Nachfragen müssen die Unternehmen an das AGG denken. Vielmehr könnte die Frage „Was kann ich beim nächsten Mal besser machen?" ein guter Einstieg in das Gespräch sein. Wenn das Bewerbungsgespräch gut verlaufen ist, bringen sie sich dem Personalleiter so ins Gedächtnis. Bei einer neuen Stelle oder wenn es mit dem anderen Bewerber doch nicht funktionieren sollte, ist das ein Vorteil für Sie.

Jede neue Bewerbung als Chance verstehen

Es ist ganz wichtig, eine Absage niemals persönlich zu nehmen. Es sind nicht die persönlichen Qualitäten, die abgelehnt wurden, sondern höchstens die fachlichen Kompetenzen. Es ist daher wichtig, sich genau zu fragen, ob man in der jeweiligen Branche wirklich Fuß fassen kann und will. Die eigenen Stärken müssen ausgelotet und die hierfür am besten geeigneten Stellen für eine Bewerbung gewählt werden. Ansonsten ist die Gefahr von häufigen Absagen recht groß.

Des Weiteren bietet jede neue Bewerbung eine Chance. Oftmals können Sie selbst gar nichts für eine Absage. Manchmal war die Bewerberzahl viel zu groß oder das Unternehmen hatte schon einen Wunschkandidaten und musste die Stelle lediglich pro forma ausschreiben. Wenn Sie Ihre Bewerbungsunterlagen sorgfältig analysieren und gestalten, wird irgendwann eine Bewerbung Erfolg bringen.

Das Bewerbungsgespräch

Sie haben eine Einladung zu einem Bewerbungsgespräch erhalten? Dann herzlichen Glückwunsch! Diese Chance bietet sich nur wenigen Bewerbern.

Sie erhalten nun die Möglichkeit sich persönlich zu präsentieren.

Bedanken Sie sich umgehend telefonisch für die Einladung und bestätigen Sie den Termin.
Dadurch vermitteln Sie einen guten Eindruck.

Vereinbaren Sie einen neuen Vorstellungstermin, wenn Sie den Termin nicht wahrnehmen können. Vermeiden Sie es aber, den Gesprächstermin mehr als einmal zu verlegen!
Sollte aus der Einladung der Name des Gesprächspartners hervorgehen, so sprechen Sie Ihn persönlich an.

Zusätzlich können Sie Prospekte zum Unternehmen anfordern und offene Fragen klären, wie zum Beispiel die Dauer des Bewerbungsgesprächs. Sie vermitteln damit Interesse und der Tag kann genau geplant werden.

Doch worin besteht eigentlich der Sinn eines Vorstellungsgespräches?

Ziele im Vorstellungsgespräch

Ziel ist das umfassende Kennenlernen beider Seiten in kurzer Zeit.

Ziele des Unternehmens

- Feststellung der Persönlichkeit und der Integrationsmöglichkeit in das Unternehmen
- Überprüfung der Daten des Bewerbers und Ermittlung fehlender Angaben
- Beurteilung der Kenntnisse des Bewerbers
- Verschaffung eines persönlichen Eindrucks (z.B. der Leistungsbereitschaft)
- Ermittlung der Vorstellungen und Erwartungen des Bewerbers
- Prüfung der Einsatzmöglichkeit des Bewerbers

Ziele des Bewerbers

Es lassen sich Fragen klären...

- zur Stelle
- zum Unternehmen
- zu den Arbeitszeiten, Urlaub, ...
- Organisation, Führungsstil, Unternehmenskultur

Des Weiteren können Sie Aufstiegschancen und eventuelle Risiken erfragen. Wichtig ist, dass Sie feststellen, ob Sie in das Unternehmen passen!

Vorbereitung zum Bewerbungsgespräch

Zur Vorbereitung gehören das Sammeln von Informationen zum Unternehmen sowie die persönliche Vorbereitung.

Sammlung von Informationen zum Unternehmen

Informieren Sie sich umfassend über das Unternehmen. Sie können hierfür die unterschiedlichsten Medien nutzen:

Medien

- die Stellenanzeige
- Internet (z.B. die Unternehmenshomepage)
- Prospekte und Zeitschriften
- Geschäftsbericht des Unternehmens
- Bekannte
- Informationen von IHK oder Handwerkskammer
- Arbeitsagenturen

Wichtige Informationen sind zum Beispiel Rechtsform, Unternehmenskultur und -größe, Produktpalette bzw. Dienstleistungen, Organisationsform sowie über die Abteilung, für die Sie sich beworben haben.

Unbeantwortete Fragen sollten Sie im Vorstellungsgespräch stellen.

Persönliche Vorbereitung

Überprüfen Sie Ihren Lebenslauf und Ihre Zeugnisse auf erklärungsbedürftige Phasen und Schwachstellen.
Da darauf mit Sicherheit Fragen gestellt werden, beantworten Sie diese Fragen sich selbst. Achten Sie auf Ehrlichkeit!

Definieren Sie als nächstes die (möglichen) Anforderungen an die Stelle. Schreiben Sie sich eventuelle Unklarheiten auf und stellen Sie die Fragen im Vorstellungsgespräch.

Freuen Sie sich auf das Vorstellungsgespräch! Es handelt sich um kein Verhör, sondern um ein Gespräch, um sich gegenseitig kennenzulernen.

Verhalten Sie sich normal und seien Sie ganz sich selbst. Achten Sie auf eine angenehme Gesamterscheinung.

Dazu gehören:

- ✓ Kleidung
- ✓ Diese ist je nach Berufsfeld unterschiedlich auszuwählen. Beispielsweise kleidet man sich in Versicherungsbranche anders als in der EDV-Branche. Die Kleidung muss sauber und ordentlich sein.
- ✓ Schmuck
- ✓ Setzen Sie Schmuck dezent ein. Sie müssen nicht zeigen, was Sie haben!
- ✓ Make-Up

- ✓ Dasselbe wie beim Schmuck trifft auch auf das Make-Up zu. Weniger ist hier oft mehr.
- ✓ Schuhe
- ✓ Die Schuhe müssen geputzt und seriös sein. Tragen Sie um Beispiel keine Turnschuhe.

Besorgen Sie sich Kaugummis oder Pfefferminzbonbons, um unangenehmen Mundgeruch vorzubeugen. Verwenden Sie keine aufdringlichen Parfums und Deos. Achten Sie auf gepflegte Haare und eine frische Rasur (kein 3-Tage-Bart).

Einsatz der Stimme

Wichtig für den Ausdruck Ihrer Persönlichkeit und Gefühle ist die Stimme! Ihr Gesprächspartner kann daraus eine Menge über Sie erfahren.

Einsatz im Bewerbungsgespräch:

- ✓ Sprechen Sie ruhig.
- ✓ Schnelles sprechen wirkt hektisch und Ihr Gegenüber kann Ihnen nicht folgen.
- ✓ Klare und deutliche Ausdrucksweise (Artikulation)
- ✓ Tipp: Sprechen Sie vorn! Benutzen Sie den Mund. Durch die Entlastung des Halses wird die Deutlichkeit verbessert.
- ✓ Verwenden Sie kurze Sätze.
- ✓ Benutzen Sie Pausen.
- ✓ Dadurch können Sie sich konzentrieren und der Gesprächspartner kann das Gesagte verarbeiten.
- ✓ Sinnvolle, abwechslungsreiche Betonung (Modulation)

- ✓ Passen Sie die Klangfarbe dem Inhalt der Worte an.
- ✓ Sprechen Sie wichtige Wörter langsamer als gewohnt.
- ✓ So lassen sich Versprecher vermeiden.
- ✓ Senken Sie Ihre Tonlage der Sprache.
- ✓ Durch Nervosität erhöht sich Ihre Tonlage.
- ✓ Lassen Sie Ihren Gesprächspartner ausreden!

All diese Dinge können Sie trainieren. Lassen Sie Ihre Stimme von Freunden und Bekannten beurteilen.

Die Körpersprache

Der korrekte Einsatz von Mimik und Gestik ist ein weiterer wichtiger Punkt für Ihren Erfolg im Vorstellungsgespräch.

Mit Mimik und Gestik bezeichnet man in der Regel das nonverbale (nicht-sprachliche) Verhalten.

Gestik

Unter Gestik versteht man die Ausdrucksbewegung Ihrer Arme, Hände und Finger.

Unterschieden werden hierbei in bewusste Gesten (steuerbar), unbewusste Gesten und Reflexbewegungen (nicht steuerbar).

An dieser Stelle einige Tipps:

- Unterstützung des Redens durch Gestik
- Aber vermeiden Sie Drohgebärden (z.B. erhobener Zeigefinger).

- Stimmen Sie zu
- Stimmen Sie den Ausführungen des Gesprächspartners zu (z.B. durch Kopfnicken).
- Heftige Armbewegungen vermeiden
- Heftige Armbewegungen signalisieren Oberflächlichkeit, Unsicherheit und sogar Aggressivität.
- Arme nicht vor der Brust verschränken
- Durch Verschränkung der Arme werden Abwehr, Unsicherheit und Angst signalisiert.
- Maßvoller Einsatz der Hände
- Spielen Sie nicht mit den Händen, sondern benutzen Sie diese zu Unterstützung Ihrer Aussagen.
- Verhalten im Sitzen
- Achten Sie auf eine korrekte Sitzhaltung. Sitzen Sie entspannt (weder steif, noch lässig). Eine offene Sitzhaltung signalisiert Gesprächsbereitschaft.
- Beanspruchen Sie eine möglichst große Sitzfläche. Sitzen Sie nicht auf der Kante.
- Verstecken Sie Ihre Arme nicht unter dem Tisch.
- Lehnen Sie sich beim Zuhören leicht zurück und beugen Sie sich beim Reden leicht nach vorn.

Mimik

Mimik ist die Sprache des Gesichtes und damit Teil der Körpersprache.
Gefühle und Wertungen werden durch Mimik oft deutlicher ausgedrückt als Worte.

Auch hier einige Tipps:

- Halten Sie Blickkontakt mit dem Gesprächspartner

Damit bringen Sie Aufmerksamkeit und Interesse zum Ausdruck. Vermeiden Sie starres Fixieren! Ihr Blick sollte alle 10 Sekunden kurz abschweifen. Irren Sie mit den Augen nicht im Raum umher!

- Freundlichkeit
- Lächeln Sie! Ein freundliches Lächeln wird fast immer erwidert. Vermeiden Sie aber eingefrorenes und verkrampftes Lächeln.
- Schauen Sie nicht ständig auf den Boden.

All diese Dinge können Sie mit einem Bekannten üben. Sie erfahren damit viel über sich selbst.

Die Phasen des Vorstellungsgesprächs

Im Vorstellungsgespräch soll die zentrale Frage geklärt werden, ob Sie in das Unternehmen passen. Daher wird, neben Ihrer fachlichen Kompetenz, insbesondere auf Ihre persönlichen Fähigkeiten eingegangen.

Ein Bewerbungsgespräch kann zwischen einer halben und zwei Stunden dauern. Darüber hinaus wird in den wenigsten Fällen nur ein einzelnes Gespräch durchgeführt. Oft werden zwei oder sogar drei Gespräche geführt, bis man sich für einen Bewerber entscheidet. Zwischen den Gesprächen werden Bewerber ausgesiebt.

Gesprächsteilnehmer

Im Vorstellungsgespräch werden Sie je nach Größe und Struktur des Unternehmens auf folgende Personen treffen:

- Personalverantwortliche
- Vorgesetzte(r) der Fachabteilung
- Geschäftsführer oder -inhaber

Auf Personalverantwortliche treffen Sie vorwiegend in mittleren und größeren Unternehmen. Dabei sind die Fragen weniger auf Ihre fachlichen Kompetenzen gerichtet, als vielmehr auf Ihre persönlichen Fähigkeiten sowie Rahmenbedingungen im Unternehmen.

Häufig finden die Gespräche sehr strukturiert statt (so zum Beispiel mit einem standardisierten Fragebogen). Dadurch können Bewerber später gut verglichen werden.

Der Verantwortliche für die Bewerberauswahl übergibt anschließend der Fachabteilung seine Empfehlungen für die Bewerberwahl.
In kleinen Unternehmen sprechen Sie häufig direkt mit dem Geschäftsführer. Hier setzen Sie den Fokus auf Ihr Durchsetzungsvermögen und Ihre Leistungsmotivation. Gehen Sie insbesondere auf außergewöhnliche Leistungen ein (Zusatzprojekte, Engagement in Vereinen etc.). Erwähnen Sie Situationen in Ihrem Leben, an denen Sie sich „durchgebissen" haben und belegen Sie diese anhand konkreter Beispiele.

Auf Ihren zukünftigen Vorgesetzten aus der Fachabteilung können Sie in jeder Unternehmensgröße und -struktur treffen. Der Fokus ist dabei stets auf Ihre fachlichen Kompetenzen und Anforderungen an den neuen Arbeitsplatz gesetzt. Gespräche finden in der Regel unstrukturiert statt („Erzählen Sie etwas über sich").

Punkten können Sie, indem Sie Schlüsselwörter aus dem Arbeitsbereich verwenden. Gehen Sie auf Parallelen zu Ihrem derzeitigen Arbeitsplatz ein und stellen Sie zielgerichtete Fragen zu dem neuen Arbeitsplatz (keine Urlaubsfragen o.ä.!).

Phasen im Vorstellungsgespräch

1. Begrüßung und Einleitung
2. Vorstellung des Unternehmens
3. Präsentation des Bewerbers
4. Fragen an den Bewerber zu fachlichen und persönlichen Fähigkeiten
5. Fragen des Bewerbers
6. Abschluss des Gesprächs und Verabschiedung

Phase 1: Begrüßung

Das Vorstellungsgespräch wird mit einer Begrüßungsphase eingeleitet. Da es keine zweite Gelegenheit für einen ersten Eindruck gibt, sollten Sie sich bereits hier gut präsentieren.

Stellen Sie sich mit vollem Namen in angemessener Lautstärke und Tonlage vor und merken Sie sich die Namen der Gesprächspartner. Letztere sind wichtig für die Ansprache während des Vorstellungsgesprächs und für eventuelle Nachfassaktionen.

Häufig wird die Begrüßung mit Small Talk begleitet („Wie war die Anreise?", „Haben Sie uns sofort gefunden?"). Das dient nur der Auflockerung. Spielen Sie in jedem Fall mit, vermeiden Sie aber negative Äußerungen.

Nachfolgend finden Sie einige Ratschläge, die Sie (nicht nur in der Begrüßungsphase) beherzigen sollten.

- Lächeln Sie freundlich, aber nicht übertrieben
- Halten Sie Augenkontakt, wenn Sie angesprochen werden
- Ihr Händedruck darf weder zu lasch noch zu kräftig ausfallen

Angebotene Getränke sollten Sie annehmen. Ausnahmen bilden Alkohol, Zigaretten und sonstige Suchtmittel.

Phase 2: Vorstellung des Unternehmens

Im Anschluss an die Begrüßung stellt sich das Unternehmen vor.

Hören Sie besonders aufmerksam zu. Sie erhalten hier wichtige Informationen (womöglich sogar zum Arbeitsplatz), die Sie anschließend in Ihre Selbstpräsentation einfließen lassen können. Beachten Sie, dass diese Informationen später auch abgefragt werden können, um bspw. Ihre Aufmerksamkeit zu testen. Machen Sie sich gegebenenfalls Notizen.

Nachfragen ist in dieser Phase nicht nur erlaubt, sondern sogar erwünscht. Halten Sie daher 2 bis 3 Fragen bereit. Besonders nützlich sind weiterführende Fragen, wie zum Beispiel *„Ich habe in der Zeitschrift XY gelesen ... Stimmt es, dass ..."*
Dadurch signalisieren Sie, dass Sie sich bereits im Vorfeld über das Unternehmen erkundigt haben.

Phase 3

Diese Phase wird in der Regel eingeleitet mit der Bitte sich „kurz vorzustellen" oder „etwas über sich zu erzählen".

Unterschätzen Sie diesen Abschnitt jedoch nicht! Denn hier können Sie durch geschickten Einsatz Ihrer Präsentation, das Vorstellungsgespräch in von Ihnen vorgegebene Richtungen führen.

In der Selbstpräsentation müssen Sie zentrale Argumente für Ihre Einstellung liefern. Verwenden Sie daher keine Standardpräsentation, sondern stimmen Sie Ihre Präsentation auf das Unternehmen und die zu vergebende Stelle ab!
Inhalte der Selbstpräsentation

Inhalte bilden Ihr beruflicher Werdegang sowie Ihre Stärken (Hard- und Soft Skills). Beachten Sie aber, dass eine bloße Nacherzählung Ihres Lebenslaufs nicht gefordert ist!

Sie müssen jede Stellenanforderung aufgreifen und mit konkreten und verständlichen Beispielen Ihre Eignung belegen.
Arbeiten Sie Aufgaben und Tätigkeiten heraus, die für die Stelle wichtig sind oder wichtig sein könnten. Hilfestellungen bieten Ihre Leistungsbilanz und die bereits im Vorfeld analysierte Stellenanzeige.

Als Reihenfolge für Ihren beruflichen Werdegang ist die antichronologische Form zu empfehlen. Beginnen Sie mit der aktuellen Tätigkeit und gehen Sie dann zurück bis zu Ihrer Ausbildung. Achten Sie auf den „roten Faden" und lassen Sie keine Langeweile aufkommen!

Versuchen Sie das Augenmerk unauffällig auf bestimmte Lebensabschnitte oder Aufgabengebiete zu richten. Dadurch provozieren Sie Fragen und können so das Vorstellungsgespräch führen!

Der Umfang der Selbstpräsentation sollte sich auf ca. 5 Minuten belaufen. Es ist jedoch zu empfehlen, neben dieser Version, noch eine 1-minütige Kurzvorstellung zu verfassen.

Im Folgenden sind einige Tipps für die Selbstpräsentation noch einmal kurz zusammengefasst.

- Verwenden Sie die antichronologische Reihenfolge
- Greifen Sie jede Stellenanforderung auf
- Argumentieren Sie mit konkreten und verständlichen Beispielen
- Beschreiben, nicht bewerten
- Achten Sie auf den "roten Faden"
- Bleiben Sie glaubwürdig (keine Übertreibungen)
- Lassen Sie keine Langeweile aufkommen
- Vermeiden Sie Negativformulierungen (z.B. "... habe ich keine Probleme.")

Phase 4

Im Anschluss an Ihre Selbstpräsentation wird für gewöhnlich Ihr persönliches Profil durch gezielte Fragen nach Ihren Stärken und Schwächen geprüft. Daher ist es besonders wichtig, sich bereits im Vorfeld mit seinen Stärken und Schwächen auseinandergesetzt zu haben (siehe Stärken-Schwächen-Analyse).

Bitte beachten Sie, dass jede angeführte Stärke/Schwäche einen deutlichen Bezug zur Stelle aufweisen muss. Vermeiden Sie daher allgemeine Dinge, wie zum Beispiel: *„Manchmal vergesse ich, mir die Zähne zu putzen".*

Bei der Formulierung einer Schwäche gehen Sie am besten nach folgendem Schema vor:

I. Nennen Sie die Schwäche.
z.B.: *„Manchmal neige ich dazu ..."*

II. Belegen Sie die Schwäche an einem Beispiel bzw. an einer konkreten Situation.
z.B.: *„Dies zeigt sich zum Beispiel daran, dass..."*

III. Geben Sie an, was Sie getan haben, um die Schwäche in den Griff zu bekommen.
z.B.: *„Um dies zukünftig zu vermeiden, habe ich ..."*

Im Folgenden werden die verschiedenen Fragenarten erläutert.

Geschlossene Fragen

Geschlossene Fragen lassen sich mit Ja oder Nein beantworten.

Beispiel: *„Haben Sie bereits Erfahrungen auf dem Gebiet XY?"*

Geben Sie dennoch immer eine kurze Begründung an, um ein Nachbohren seitens Ihres Gesprächspartners zu vermeiden.

Oft bietet es sich auch an, eine Gegenfrage zu stellen.

Offene Fragen

Im Gegensatz zu geschlossenen Fragen, lassen sich offene Fragen nicht einfach nur mit Ja oder Nein beantworten.

Beispiel: *„Arbeiten Sie lieber allein oder in einer Gruppe?"*

Hier erhalten Sie viel Spielraum für die Beantwortung der Frage. Behalten Sie aber immer den Stellenbezug im Auge und argumentieren Sie mit verständlichen Beispielen.

Stressfragen

Stressfragen werden genutzt, um Sie zu verunsichern oder gar zu provozieren.

Beispiel: *„Sind Sie für die Position nicht schon zu alt?"*

Bleiben Sie in jedem Fall freundlich und gelassen! Die eigentliche Antwort ist oft nicht wichtig. Man will nur sehen, wie Sie mit problematischen Situationen umgehen. Bei der Beantwortung argumentieren Sie am besten mit Ihrer Selbstpräsentation und belegen das Gegenteil mit einem konkreten und verständlichen Beispiel.

Fragenkomplexe

Aus folgenden Gebieten müssen Sie mit Fragen rechnen:

- Motive / Gründe für Ihre Bewerbung

- Leistungsmotivation
- Ausbildung und beruflicher Werdegang
- Sozialer Hintergrund
- Persönliches Profil (speziell Stärken und Schwächen)
- Berufliche Ziele
- Gesundheitliche Einschränkungen
- Fragen zur Position / Stelle
- Unzulässige Fragen

Grundsätzlich sollten alle Fragen in einem Einstellungsgespräch wahrheitsgemäß beantwortet werden. Ansonsten kann im Extremfall der Arbeitsvertrag angefochten und für nichtig erklärt werden. Ausnahmen bilden unzulässige Fragen.

Unzulässige Fragen

Wie bereits im vorherigen Abschnitt angedeutet, müssen unzulässige Fragen nicht wahrheitsgemäß beantwortet werden, d.h. hier ist Lügen, zumindest juristisch, zulässig.

Im Bewerbungsgespräch gelten Fragen zu den folgenden Themen als unzulässig:

- Schwangerschaft *
- Familienplanung
- Parteizugehörigkeit
- Religionszugehörigkeit
- Gewerkschaftszugehörigkeit
- Vermögensverhältnisse / Schulden *
- Vorstrafen *
- Privatleben / sexuelle Neigungen

* soweit nicht für die Arbeitsstelle relevant

Beantworten Sie die Fragen trotzdem freundlich und gelassen. Oft wird man nur getestet.

Anmerkungen

In einem Bewerbungsgespräch gelten Fragen nach der Konfession zwar als unzulässig, antworten Sie aber dennoch wahrheitsgemäß. Es ist höchst unwahrscheinlich, dass Sie wegen Ihres Glaubens abgelehnt werden. Spätestens aus der Lohnsteuerkarte erhält der Arbeitgeber diese Information und in der Probezeit sind Sie jederzeit kündbar.

Gleiches gilt für Vorstrafen. Wer hier etwas auf dem Kerbholz hat, sollte besser eine gute Begründung haben, als zu schweigen oder gar zu lügen. Zulässig oder nicht, es kommt sowieso raus, spätestens in der Probezeit.

Phase 5

Nachdem Sie die Fragen Ihres Gesprächspartners beantwortet haben, werden die Rollen im Vorstellungsgespräch gewechselt. Ab jetzt können Sie sich umfassend über die Arbeitsstelle und den Arbeitgeber informieren. Potentielle Fragen sollten Sie bereits im Vorfeld erarbeiten.

Beschränken Sie sich dabei auf Fragen, die für die Stelle bzw. die Ausübung der Tätigkeit relevant sind (Freistellungen wegen bereits gebuchtem Urlaub o.ä. sollte man möglichst nicht stellen)!

Dazu gehören:

- Fragen zur Einarbeitungsphase

- Fragen zu dem Unternehmen (bspw. Firmenphilosophie)
- Fragen zur Tätigkeit / Aufgabengebiete
- Neu geschaffene oder neu besetzte Position? Bei Letzterem -> Warum wurde die Stelle neu besetzt?
- Arbeitszeit (Fest- / Gleitzeit; Kernarbeitszeiten)
- Gehaltsfrage (nur, wenn man in der engeren Auswahl steht)
- Weiterbildungen
- Zukunftschancen / Karriereaussichten

Unterschätzen Sie nicht die Wichtigkeit dieser Phase im Vorstellungsgespräch. Nichts ist peinlicher, als wenn Sie bereits nach zwei Wochen die Stelle wechseln möchten, weil Sie mit bestimmten Dingen (die man bereits im Vorfeld hätte klären können) nicht zufrieden sind.

Es macht übrigens keinen schlechten Eindruck, wenn Sie einen Zettel mit vorbereiteten Fragen hervorziehen.

Achten Sie aber darauf, dass die Fragen nicht bereits (direkt oder indirekt) beantwortet wurden!

Phase 6

Nachdem Ihr Gesprächspartner das Gespräch beendet hat, bedanken Sie sich mit einem Händedruck. Stimmen Sie unbedingt die weitere Vorgehensweise, wie zum Beispiel den Termin für eine Entscheidung, ab! Sagen Sie anschließend, dass Ihnen das Gespräch gefallen hat und dass Sie sich über die Entscheidung freuen. Bleiben Sie auch bei der Verabschiedung konzentriert (und interessiert) und verspielen Sie nicht Ihren guten Eindruck mit einem schlechten Abgang.

Weitere Bewerbungsformen

Email-Bewerbung

Durch eine Bewerbung über das Internet demonstriert der Bewerber seine Kompetenz im Bereich moderner Kommunikationstechnologien. Die Einstellungschancen werden dadurch erhöht.

Weitere Vorteile sind die niedrigen Bewerbungskosten sowie die Möglichkeit, sich bundesweit und sogar weltweit zu bewerben.

Trotz mitunter negativer Erfahrungen schätzen viele Unternehmen die Möglichkeiten, die eine persönliche E-Mailbewerbung bietet.

Doch es gilt: Sie sollten diese Art der Bewerbung nur verwenden, wenn die eMail-Adresse der Personalabteilung in der jeweiligen Anzeige angegeben wurde. Notfalls sollte telefonisch nachgefragt werden, ob eine Onlinebewerbung erwünscht ist.

Inhalt einer E-Mailbewerbung

- Das Bewerbungsanschreiben schreiben Sie in die E-Mail selbst (nicht ausschließlich als Dateianhang!).

- Vermeiden Sie weitgehend Formatierungen (z.B. fett, kursiv, farbig, ...).

- Wählen Sie als E-Mailformat "Nur-Text"! HTML-eMails werden oft nicht richtig dargestellt.

- Formulieren Sie einen kurzen und präzisen E-Mailbetreff (z.B. "Bewerbung als ...")!

- Eingeleitet wird die E-Mailbewerbung mit der Grußformel. Benennen Sie hierbei den konkreten Ansprechpartner: "Sehr geehrte Frau ...".

- Anschließend folgt das Anschreiben. Achten Sie darauf, keine Romane zu verfassen.

- Den Abschluss bilden Grußformel ("Mit freundlichen Grüßen") sowie die Angabe Ihrer Adressdaten.

- Ihre Bewerbungsunterlagen (Lebenslauf, Bewerbungsfoto, eingescannte Grafiken etc.) werden im E-Mailanhang hinterlegt. Diese Unterlagen sollten in gängigen Dateiformaten vorliegen, wie PDF, DOC, RTF für Dokumente, PPT für Präsentationen und JPG, GIF für Bilddaten. Verwenden Sie als Dateiname eine aussagekräftige Bezeichnung (bspw. Lebenslauf.txt).

- Zur Vermeidung großer Anhänge, sollte zunächst nur der Lebenslauf (eventuell speziell auf das jeweilige Unternehmen zugeschnitten) mitgereicht werden. Erwähnen Sie im Anschreiben, dass auf Wunsch weitere Bewerbungsunterlagen, wie Zeugnisse und Arbeitsproben, nachgereicht werden können.

Allgemeine Tipps

- Die E-Mailbewerbung muss individuell auf das entsprechende Unternehmen zugeschnitten sein. Versenden Sie keine Massenmails!
- Sprechen Sie Ihren Ansprechpartner immer mit "Sie" an.
- Vermeiden Sie Emo-Icons (zum Beispiel: ;-)) und die so genannte Surfsprache (MFG etc.).
- Versenden Sie Ihre Bewerbung nicht an allgemeine Adressen, wie zum Beispiel info@firmenname.de, sondern an konkrete Personen.

- Bewerben Sie sich auf eine Stellenanzeige nur einmal. Entweder auf dem Postweg oder über E-Mail/Onlineformular.
- Verwenden Sie für Ihre E-Mailadresse keine Phantasienamen. Achten Sie auf Seriosität. Optimal sind Adressen nach dem Muster Vorname.Nachname@provider.de
- Verwenden Sie ausschließlich Ihre private E-Mailadresse.
- Sofern vom Unternehmen zusätzliche Unterlagen gefordert werden, bringen Sie diese in die richtige Reihenfolge (siehe Bewerbungsmappen).
- Vermeiden Sie Rechtschreib- und Flüchtigkeitsfehler! Lassen Sie daher Ihre Bewerbung durch weitere Personen prüfen.
- Vermeiden Sie Sonderzeichen. Diese werden eventuell falsch dargestellt.
- Legen Sie Ihr Anschreiben zusätzlich als separate Datei in den E-Mailanhang. Dadurch geben Sie dem Arbeitgeber die Möglichkeit, Ihr Anschreiben komfortabel und ohne Werbung auszudrucken.

Initiativbewerbung

Unter einer Initiativbewerbung versteht man eine Bewerbung ohne Bezug auf eine Stellenanzeige.

Sie unternehmen den ersten Schritt im Bewerbungsprozess und reagieren nicht einfach auf eine Stellenanzeige.

Verwechseln Sie die Initiativbewerbung aber nicht mit einer Blindbewerbung! Unterschiede bestehen insbesondere in der geleisteten Arbeit vor Versendung der Bewerbungsunterlagen. Initiativbewerbungen setzen die Suche nach Informationen voraus.

Die Bewerbungsart eignet sich sowohl für kleine und mittlere Unternehmen (KMU) als auch für Großunternehmen. Während KMU oft nicht alle Stellen ausschreiben, demonstrieren Sie bei großen Unternehmen Engagement.

Der erste Arbeitsschritt besteht für Sie darin, den gewünschten Arbeitgeber zu finden. Bevor Sie sich aber über konkrete Unternehmen informieren, finden Sie heraus, in welcher Unternehmensform Sie am besten aufgehoben sind.

Im Wesentlichen müssen Sie sich zwischen KMU, Großunternehmen (Konzerne) und öffentlichen Dienst entscheiden. Jede Unternehmensform hat Vor- und Nachteile. Mögliche Kriterien, die Sie dabei ansetzen können, sind individuelle Leistung, Arbeitsbelastung, Personalentwicklung und Vergütung.

So steht bei Kleinunternehmen oft individuelle Leistung im Vordergrund, während bei Großunternehmen ein hohes Maß an Anonymität herrscht. Dagegen werden in Großunternehmen oft höhere Gehälter sowie Zusatzleistungen (Prämien, Sozialleistungen etc.) gezahlt. Fort- und Weiterbildungsmöglichkeiten werden durch eine eigene Abteilung für Personalentwicklung gewährleistet.

Im öffentlichen Dienst ist der berufliche Werdegang, geprägt von Laufbahn und Dienstalter, weitgehend vorherbestimmt. Die Vergütung ist meist geringer als in der freien Wirtschaft. Dafür gibt es feste Arbeitszeiten und planbare Arbeitsbelastungen.

Nach der Entscheidung für eine Unternehmensform können Sie sich auf die Suche nach konkreten Unternehmen machen. Medien, die Ihnen dabei helfen, haben wir unter Kontaktmöglichkeiten zu Arbeitgebern zusammengestellt.

Haben Sie die passenden Adressen gefunden, so besteht die nächste Aufgabe in der Erstellung eines eigenen Profils.

Hierfür können Sie die Stellengesuchs-Formulare vieler Internet-Jobbörsen verwenden.

Achten Sie darauf, sich nicht selbst zu überschätzen.

Analysieren Sie Ihre persönlichen und fachlichen Fähigkeiten. Haben Sie Ihr Profil erstellt, so erstellen Sie daraus ein Anforderungsprofil.
Was würden Sie in der Rolle des Unternehmens fordern? Gehen Sie wie ein Personalberater vor. Finden Sie selbst mögliche Anforderungen der Fachabteilung heraus.

Umfang einer Initiativbewerbung

Bei dem Umfang der Initiativbewerbung besteht die Wahl zwischen einer Bewerbungsmappe oder einer Kurzbewerbung. Eine Kurzbewerbung enthält nur das Anschreiben und den tabellarischen Lebenslauf.

Empfehlenswert ist es, eine komplette Bewerbungsmappe zu verschicken. Den Kostenfaktor können Sie durch eine gute Vorauswahl der Unternehmen reduzieren.

Klären Sie deshalb zunächst in einem Telefonat mit dem Unternehmen ab, ob grundsätzlicher Bedarf besteht. Das hat weiterhin den Vorteil, dass man sich beim Anschreiben auf das jeweilige Telefonat beziehen kann.

Wichtig!
Dass die Bewerbung initiativ ist, erkennt der Arbeitgeber daran, dass Sie sich auf keine Stellenanzeige beziehen. Vermeiden Sie es daher, den Begriff "Initiativbewerbung" im Betreff Ihres Anschreibens aufzuführen.

Blindbewerbung

Unter einer Blindbewerbung versteht man das Versenden der Bewerbungsunterlagen, ohne dass Sie dazu, z.B. durch eine Stellenanzeige, aufgefordert wurden.

Sie wissen nicht, ob das Unternehmen offene Stellen zu besetzen hat. Ebenso wenig kennen Sie den Ansprechpartner.

Daher sind die Chancen auf Erfolg meist nur gering.

Sollte Ihre Bewerbung allerdings nicht sofort zurückgesendet werden, so haben Sie gute Chancen in eine Vormerkliste zu gelangen. Hat das Unternehmen zu einem späteren Zeitpunkt Bedarf, so wird man an Sie herantreten.

Inhalt einer Blindbewerbung

Die Blindbewerbung enthält nur das Anschreiben sowie den tabellarischen Lebenslauf.
Versenden Sie keine komplette Bewerbungsmappe!

Das Wichtigste einer Blindbewerbung ist das Bewerbungsschreiben. Schreiben Sie es originell und interessant!

Die Bewerbungshomepage

Da Arbeitgeber auch das Internet nach potentiellen Bewerbern durchkämmen, ist das Vorhandensein einer eigenen Bewerbungshomepage ein klarer Vorteil. Insbesondere in der IT-Branche können Sie die Webseite bereits als erste Arbeitsprobe betrachten.

Die Bewerbungshomepage ist eine interessante Alternative zur klassischen Bewerbungsmappe. Allerdings sollten Sie davon nur Gebrauch machen, wenn Sie bereits Erfahrung in dem Erstellen von Webseiten haben.

Beachten Sie, dass Sie Ihre Daten der Öffentlichkeit präsentieren!

Auch wenn Sie Ihre Webseite löschen, ist es möglich, dass Ihre Daten in Suchmaschinen oder Verzeichnissen gespeichert sind.

Verwenden Sie als Domainnamen nur **seriöse** Namen, wie www.Vorname-Name.de.

Doch was beinhaltet die Bewerbungshomepage eigentlich?

Die Bewerbungshomepage stellt nur bewerbungsrelevante Informationen bereit (keine privaten Dinge).

Dazu gehören:

- allgemeines, firmenunabhängiges Bewerbungsschreiben
- Lebenslauf
- Bewerbungsfoto
- Ihre Kontaktinformationen (Vor- und Zuname, Anschrift, Telefonnummer, private E-Mailadresse)
- Arbeitsproben
- Qualifikationsprofil

Die Unterlagen müssen einfach heruntergeladen und ausgedruckt werden können. Hierbei empfiehlt sich das PDF-Format.

Aufbau einer Webseite

Eine Website besteht aus einer Startseite und einer Anzahl Unterseiten.

Die Unterseiten werden von der Startseite verlinkt.

Die Startseite muss einen kurzen Überblick über den Inhalt Ihrer Website bieten. Unterseiten werden für die obigen Informationen (Lebenslauf, Arbeitsproben etc.) erstellt.

Damit sich Besucher auf Ihrer Internetpräsenz zurechtfinden, sollten alle Seiten ein einheitliches Layout haben.
Eine Downloadseite ist ebenfalls empfehlenswert.

Durch eine Kontaktseite kann Sie der Arbeitgeber erreichen. Die Kontaktseite muss von allen Seiten Ihrer Bewerbungshomepage aus erreichbar sein.

Gestalten Sie die Webseite einfach. Achten Sie auf Usability (Benutzerfreundlichkeit)!

Verwenden Sie keine aufgeblähten Grafiken, Sounds oder Animationen. Sollten Sie Grafiken verwenden, nutzen Sie gängige Bildformate, wie JPEG und GIF (kein BMP!).

Verzichten Sie auf Flash und Java-Script, da dies nicht jeder Browser darstellt. Der Besucher sollte sich nicht erst ein Plugin downloaden müssen, damit er Ihre Website betreten kann.

Verwenden Sie Standardschriftarten ("Arial" oder "Times New Roman"). Exotische Schriftarten werden unter Umständen nur auf Ihrem Rechner korrekt dargestellt (diese müssen auf dem entsprechenden PC installiert sein).

Nutzen Sie eine textorientierte Navigation (keine graphischen Buttons).

Das ist nicht nur für den Besucher informativer, sondern damit kommen auch Suchmaschinen leichter mit Ihrer Website zurecht.

Weitere Tipps

- Kommen Sie schnell zum Wesentlichen.
- Achten Sie auf korrekte Rechtschreibung und Grammatik. Optimieren Sie jede Webseite auf das entsprechende Thema.
- Verwenden Sie keine übertriebenen, langen Texte.
- Beginnen Sie jede Webseite mit einer Überschrift (H1-Tag).
- Versehen Sie jede Webseite mit einem individuellen Titel (title-Tag).
- Sie können auch Meta-Tags verwenden. Meta-Tags sind aber i.d.R. nicht mehr erforderlich und werden von vielen Suchmaschinen ignoriert.

Stellengesuch

Ein Stellengesuch ist Werbung in eigener Sache und zeugt von Ihrer Eigeninitiative. Es wird in Printmedien oder auf Internetstellenmärkten veröffentlicht. Da es sich um eine passive Bewerbungsform handelt, sollte das Stellengesuch nur als Unterstützung für eine aktive Bewerbung (bspw. eine Bewerbung auf ein Inserat) genutzt werden.

Das Stellengesuch, egal ob in Printmedien oder Internetstellenmärkten veröffentlicht, beinhaltet auf begrenztem Platz extrem verdichtete Informationen. Es sollte immer folgende Angaben enthalten:

- die angestrebte Position
- Tätigkeiten und Qualifikationen
- berufliche Meilensteine

- Alter, Geschlecht und gewünschter Einsatzort (Raum)

Stellengesuche in Internetstellenmärkten

Unternehmen durchsuchen häufig die in Bewerberdatenbanken hinterlegten Stellengesuche bzw. Lebensläufe. Der Vorteil liegt insbesondere in dem geringen Zeitaufwand, da Umblättern wie z.B. in Tageszeitungen nicht nötig ist.

Für Bewerber besteht der Vorteil, dass ein Stellengesuch häufig kostenlos veröffentlicht werden kann. Weiterhin bleibt es länger präsent als in Printmedien. Oft ist auch die Hinterlegung eines elektronischen Lebenslaufes möglich. In Freitextfelder können Sie Ihre Kenntnisse, Qualifikationen und bisherigen Tätigkeitsbereiche auflisten.

Da Unternehmen die Datenbank eines Stellenmarktes nach Schlüsselbegriffen durchsuchen, müssen Sie versuchen in Ihrem Stellengesuch möglichst prägnante Schlüsselwörter für die angestrebte Position zu integrieren.

Verwenden Sie allerdings nur Bewerberdatenbanken von anerkannten und seriösen Stellenmärkten! Weiterhin muss der Stellenmarkt natürlich für die Branche interessant sein.

Achten Sie auch auf den Datenschutz!

Die Anlage eines kostenlosen Stellengesuchs ist auf diversen Internetseiten möglich.

Stellengesuche in Printmedien

Definieren Sie zunächst Ihre Zielgruppe. Interessieren Sie sich für eine spezielle Branche so geben Sie Ihr Stellengesuch in Zeitschriften und Magazinen auf, die speziell auf die entsprechende Branche zugeschnitten sind. Interessieren Sie sich dagegen eher für einen Arbeitsplatz in einer bestimmten Region, so sind Regionalzeitungen zu bevorzugen.

Beginnen Sie für Ihr Stellengesuch mit einer aussagekräftige Headline. Sie sollte in der Regel die gewünschte Position oder Ihre aktuelle Berufsbezeichnung beinhalten.

Listen Sie anschließend stichwortartig Ihre Kenntnisse, Erfahrungen und Tätigkeitsbereiche auf. Vermeiden Sie zu allgemein gehaltene Stellengesuche!

Geben Sie weiterhin Ihr Alter, den Einsatzort und Ihr Geschlecht (falls dieses nicht aus dem Namen hervorgeht) auf.

Bewerbung auf eine Chiffre-Anzeige

Wird ein Stellenangebot über Chiffre geschalten, so kann dies unter anderen aus Gründen der Geheimhaltung oder als Folge eines schlechten Images des Unternehmens geschehen.

Reagieren Sie auf eine Chiffreanzeige am besten mit einer Kurzbewerbung, bestehend aus Bewerbungsschreiben und Lebenslauf mit Foto. Geben

Sie im Anschreiben an, dass auf Wunsch ausführliche Unterlagen nachgereicht werden können.

Beachten Sie, dass bei einer Chiffreanzeige immer die Möglichkeit besteht, sich bei seinem derzeitigen oder früheren Arbeitgeber zu bewerben!
Dies können Sie mit einem Sperrvermerk ausschließen. Gehen Sie dabei wie folgt vor.

Die Bewerbungsunterlagen kommen in einen Umschlag, den Sie mit der Chiffre-Nummer beschriften.

Dieser Umschlag kommt mit einem Begleitschreiben in einen zweiten Umschlag. In dem Begleitschreiben bitten Sie die Anzeigenabteilung der entsprechenden Zeitung, die Bewerbungsunterlagen nur weiterzureichen, wenn es sich nicht um das Unternehmen XY handelt. Andernfalls bitten Sie um Rücksendung. Legen Sie gegebenenfalls einen frankierten Rückumschlag bei.
Beschriften Sie den Umschlag mit der Anschrift der Anzeigenabteilung.

Achten Sie in jedem Fall auf die Seriosität des Stellenangebots!
Dies können Sie bspw. daran erkennen, dass Tätigkeitsschwerpunkte genau erläutert sind.

Telefonische Bewerbung

Die Möglichkeit, bereits vor der Zusendung von Bewerbungsunterlagen mit einem Unternehmen in Kontakt zu treten, sollte generell genutzt werden. Als Medium bietet sich aufgrund der räumlichen Trennung zwischen Bewerber und Unternehmen oft das Telefon an.

Im Rahmen einer Initiativbewerbung können Sie so den Bedarf an Mitarbeitern abklären. Im schlimmsten Fall vermeiden Sie eine unnötige Bewerbung und sparen sich somit Zeit und Geld. Bewerben Sie sich dagegen auf eine Stellenanzeige und ist in der Ausschreibung eine Telefonnummer mit Ansprechpartner vermerkt, wird der Anruf seitens des Unternehmens sogar vorausgesetzt. Im Extremfall werden Ihre Bewerbungsunterlagen später auf einem separaten Stapel mit Vermerk "Bewerber hat großes Interesse" abgelegt, während die Bewerbungen von Bewerbern ohne vorangegangenes Telefonat auf einem "normalen" Stapel landen.

Weitere Vorteile der vorherigen Kontaktaufnahme sind:

- Sie erhalten sofort direktes Feedback zu Ihrer Person.
- Sie können zusätzliche Stellenanforderungen erfragen. Das hilft Ihnen dabei, Ihre Bewerbung noch zielgerichteter zu gestalten!
- Sofern aus dem Telefonat hervorgeht, dass Ihre Person für die Stelle nicht vakant ist, erfahren Sie eventuell von einer anderen offenen Stelle, für die Ihre Qualifikationen von Interesse sind.
- Sie erzeugen beim Unternehmen Sympathie und belegen darüber hinaus Ihre Kommunikationsfähigkeit und Ihre soziale Kompetenz.
- Sie bringen Ihre Person ins Gespräch. Erhält der Personaler später Ihre Bewerbungsunterlagen, wird er sich an das Telefonat mit Ihnen erinnern. Dadurch bekommt Ihre Bewerbung ein "Gesicht".

Sie sehen, die Vorteile der telefonischen Kontaktaufnahme übertreffen bei Weitem den damit verbundenen Aufwand. Dennoch vermeiden die meisten Bewerber die Kontaktaufnahme, sei es aus Gründen der Unsicherheit, aus Angst vor Ablehnung oder schlichtweg aus Bequemlichkeit. Sie können daher das Telefonat prima dazu nutzen, um sich von Mitbewerbern abzuheben und Ihr Interesse an der Stelle zu bekräftigen.
Doch wann ist eigentlich der richtige Zeitpunkt für Ihren Anruf?

Der Montagvormittag ist meist geprägt von einer Vielzahl an Meetings und Nacharbeitungen, am Freitagnachmittag ist der Mitarbeiter dagegen geistig schon im Wochenende. Daher sind diese Zeitpunkte für den Anruf zu vermeiden, an allen anderen Werktagen können Sie anrufen. Wählen Sie in jedem Fall einen Zeitpunkt, zu dem Sie 100%ig fit sind. Denn das ist Ihr großer Vorteil: Sie können entscheiden, wann Sie anrufen!

Fragen, die Sie im Telefonat stellen könnten, sind:

- Gibt es eine offene (Ausbildungs-)stelle?
- Welchen Umfang sollten die Bewerbungsunterlagen haben?
- Welche Bewerbungsform ist erwünscht (schriftlich oder per E-Mail)?
- Wer ist der Ansprechpartner für Ihre Bewerbungsunterlagen?

Verfallen Sie dabei aber keinesfalls in ein Verhör und sehen Sie auch von Warum-Fragen ab. Diese könnten aufdringlich wirken.

Ein Telefonat ist jedoch kein einseitiges Frage-Antwortspiel. Vielmehr werden auch Sie Fragen beantworten müssen. Anbei einige Beispiele für Fragen, die an Sie gerichtet werden könnten:

- Wie wurden Sie auf uns aufmerksam?
- Welcher beruflichen Tätigkeit gehen Sie momentan nach?
- Welche Ausbildung haben Sie?
- Über welche speziellen Kenntnisse und Erfahrungen verfügen Sie?
- Wie kann man Sie erreichen (Telefon und E-Mail)?

Beantworten Sie die Fragen möglichst kurz und präzise. Durch die sorgfältige Analyse der Stellenanzeige, die Recherche nach Informationen zum Unternehmen sowie die Erstellung einer kurzen Selbstpräsentation können Sie sich optimal vorbereiten.

Daneben bietet es sich an, während des Telefonats auf Handzetteln vordefinierte Antworten griffbereit zu halten. Stellt der Arbeitgeber eine Frage, zu der Sie noch keine Antwort haben, dann erweitern Sie Ihren "Antwortkatalog". Halten Sie für das Gespräch unbedingt Zettel und Stift bereit, um sich Notizen machen zu können. Auch ein Kalender für Terminvereinbarungen muss in Reichweite liegen.

In Ihr Bewerbungsschreiben sollten Sie die telefonische Kontaktaufnahme unbedingt integrieren.

Ein Beispiel für die Einbindung eines Telefonats in das Anschreiben:

„Bewerbung um eine Ausbildung zum Industriekaufmann ab 09/2011
Unser Telefonat vom 10.10.2010

Sehr geehrter Herr Ansprechpartner,

vielen Dank für das freundliche und informative Telefon, in dem Sie mir mitteilen, dass Sie auch im nächsten Jahr zum Industriekaufmann ausbilden. Wie besprochen sende ich Ihnen nun meine Bewerbungsunterlagen zu."

Ein gut geführtes Telefonat vor der Versendung von Bewerbungsunterlagen ist oft der Schlüssel für die erfolgreiche Bewerbung. Bedenken Sie aber, dass es sich auch bei dem Telefonat bereits um eine "Bewerbung" handelt. Bleiben Sie daher stets freundlich, sprechen Sie deutlich und lassen Sie Ihren Gesprächspartner aussprechen. In Analogie zur Vorbereitung auf das Vorstellungsgespräch können Sie das Frage-Antwort-Spiel mit Bekannten üben oder sich vorab an Unternehmen erproben, für deren Stellen Sie sich nicht primär interessieren.

Bewerbungsflyer

Der Bewerbungsflyer ist ein Werbemittel des Bewerbers. Vorrangiges Ziel ist es, ein Unternehmen dazu zu bringen, dass es den Bewerber zu einem Vorstellungsgespräch einlädt oder zumindest die vollständigen Bewerbungsunterlagen anfordert. Zudem erhält das Unternehmen mit dem Flyer einen schnellen Überblick über die wichtigsten Bewerberdaten.

Der Flyer wird vorwiegend bei Jobmessen und Recruiting-Events eingesetzt, also überall dort, wo man seine Bewerbungsunterlagen schnell zur Hand haben muss. Er wird für gewöhnlich nach einem Gespräch als erweiterte Visitenkarte übergeben.

Anwendung findet der Bewerbungsflyer insbesondere in der Kreativbranche (Marketing, Mediengestalter etc.), wo er aufgrund seines kreativen Charakters sogar als erste Arbeitsprobe angesehen werden kann.

Wie sieht ein Bewerbungsflyer nun aus?

Bei dem Bewerbungsflyer handelt es sich um ein beiderseitig bedrucktes DIN-A4 Blatt. Das Blatt wird im Querformat zweimal zur Mitte hin gefaltet. Es entstehen also mit Vorder- und Rückseite insgesamt 6 Abschnitte, die vom Bewerber mit den verschiedensten Themen gefüllt werden können. Welche Themen das sind, bleibt Ihnen und Ihrer Kreativität überlassen. Beachten Sie allerdings, dass der Flyer übersichtlich und klar gestaltet sein muss. Überfrachten Sie die Themenbereiche daher nicht.

Wie könnten die Abschnitte des Flyers aufgeteilt werden?

Wie bereits angedeutet, bleibt es Ihrer Kreativität überlassen, mit welchen Themen Sie die Abschnitte füllen. Im Folgenden finden Sie ein Beispiel als Anregung.

Rückseite des DIN-A4 Blattes

Linker Abschnitt

Im geschlossenen Zustand ergibt der linke Abschnitt die Frontseite des Flyers. Dieser Abschnitt wird daher für gewöhnlich analog zum Deckblatt in einer klassischen Bewerbung gestaltet. Hier können Sie also ein Bewerbungsfoto sowie einen Satz unterbringen, aus dem hervorgeht, für was Sie sich bewerben (*„Bewerbung als ..."* oder *„Bewerbung um eine Ausbildung zum/zur ..."*). Im Gegensatz zur klassischen Bewerbung werden an das Foto weit weniger Kriterien gestellt. Es ist daher auch ein Foto zulässig, die Sie während der Arbeit oder bei Ihrem Hobby zeigt.

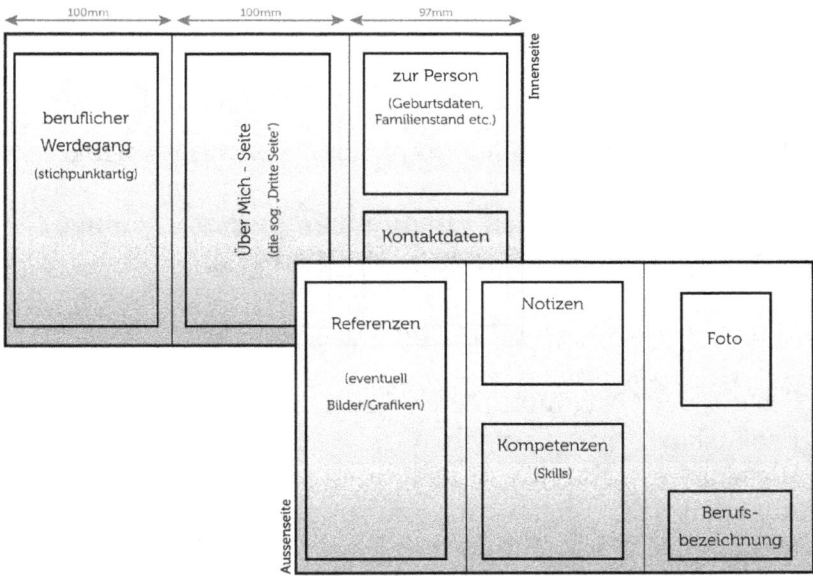

Beispiel für den Aufbau eines Bewerbungsflyers

Mittlerer Abschnitt
Der mittlere Abschnitt ergibt die spätere Flyer-Rückseite. Den oberen Teil könnten Sie als Raum für Notizen reservieren.

Im unteren Seitenbereich haben Sie genügend Platz, um gut sichtbar Ihre Kontaktdaten unterbringen.

Rechter Abschnitt
Wenn der Flyer aufgeklappt wird, ist dieser Abschnitt die erste Seite, die der Leser sieht. Die Seite ist daher prädestiniert für die Angabe Ihrer Schlüsselqualifikationen!

Vorderseite des DIN-A4 Blattes

Linker Abschnitt
Hier können Sie Ihren Anschreiben-Text unterbringen. Das Bewerbungsschreiben ist aufgrund des Platzmangels natürlich nur in einer Kurzform sinnvoll. Es muss auf die Branche zugeschnitten sein.

Mittlerer und Rechter Abschnitt

Diese zwei Abschnitte bieten Raum, um einen gekürzten Lebenslauf mit Angaben zu Ihrem beruflichen Werdegang, Hobbys, Ausbildung und Studium und Auslandserfahrungen unterzubringen. Um den Flyer nicht zu überfrachten, wird auf die Angabe von zeitlichen Daten verzichtet. Kontaktdaten werden ebenfalls nicht aufgeführt, da sich diese bereits in anderen Abschnitten befinden.

<u>Was gibt es sonst noch zu beachten?</u>

- Gestalten Sie alle Abschnitte einheitlich, d.h. gleiche Schriften, Seitenabstände usw. Wichtige

Dinge können Sie fett hervorheben. Generell vermeiden sollten Sie Werbeslogans ohne Informationsgehalt.

- Als Schriftart werden Standardschriftarten genutzt, keinesfalls Handschriften! Die optimale Schriftgröße liegt zwischen 10 und 14 Pt.
- Damit der Flyer ausreichend „fest" ist, darf die Papierqualität 130g/m2 nicht unterschreiten. Verwenden Sie für den Druck keinen Tintenstrahldrucker, sondern einen Laserdrucker. Aufgrund dieser Qualitätskriterien empfehlen wir Ihnen, den Bewerbungsflyer von einem Copy-Shop erstellen zu lassen. Die damit verbunden Kosten machen sich durch das bessere Ergebnis bezahlt.
- Bitte beachten Sie, dass der Bewerbungsflyer nicht die Bewerbungsmappe ersetzt! Schreiben Sie daher in den Flyer deutlich hinein, dass Sie auf Wunsch gern Ihre vollständigen Bewerbungsunterlagen nachreichen.

Bewerbungsformular

Viele Unternehmen bieten für Bewerber auf Ihrer Homepage Bewerbungsformulare an. Diese Formulare sind standardisierte Fragebögen, die dazu dienen, die Informationen der Bewerber für eine bessere (spätere) Auswertung zu vereinheitlichen.

Alle Angaben des Bewerbers werden in einer Datenbank gespeichert. Besteht im Unternehmen Personalbedarf, so sichtet der Personalverantwortliche die Datenbank nach bestimmten Schlüsselkriterien. Es zeigen sich also deutliche Parallelen zum Stellengesuch.

Anbei einige Tipps, die Sie bei Bewerbungsformularen berücksichtigen sollten:

- Drucken Sie das Formular aus oder speichern Sie es ab, um es in Ruhe offline bearbeiten zu können.
- Nutzen Sie Freitexte (z.B. unter "sonstige Anmerkungen") konsequent aus, um Ihre Kenntnisse und Qualifikationen stichwortartig hervorzuheben. Ihre Angaben müssen natürlich einen Bezug zur angestrebten Position haben.
- Integrieren Sie in den Freitexten Schlüsselbegriffe
- Da der Personalverantwortliche die Datenbank nach bestimmten Begriffen durchsucht, ist es wichtig, dass Ihre Bewerbung auch unter diesen Begriffen gefunden wird. Ihre Angaben sollten allerdings auch einer persönlichen Sichtung standhalten.
- Heben Sie besondere Kenntnisse hervor.
- Vermeiden Sie die Angabe geschäftlicher Kontaktdaten (Telefonnummer, Fax, E-Mail etc.). Das würde den Eindruck erwecken, dass Sie sich in Ihrer Arbeitszeit vorwiegend mit Bewerbungen beschäftigen.

Hinweis
Prüfen Sie zuerst, ob das Unternehmen auch andere Formen der Bewerbung akzeptiert, wie bspw. eine E-Mailbewerbung. Ist dies möglich, so ist das dem Bewerbungsformular in jedem Fall vorzuziehen!

Auslandsbewerbungen

Sie möchten sich im Ausland bewerben?
Dann wird es Sie freuen, dass Bewerbungsverfahren in verschiedenen Ländern sehr ähnlich ablaufen. Dennoch gibt es kleine Unterschiede, die über den Erfolg Ihrer Bewerbung entscheiden.

Im Folgenden sind Informationen sowie Tipps und Tricks zur Bewerbung im Ausland zusammengestellt.
Voraussetzungen für den Job im Ausland

Das A und O ist das überdurchschnittliche Beherrschen der Sprache des Ziellandes! Dies betrifft neben der natürlichen Kommunikation auch die in Ihrem Arbeitsgebiet gängige Fachsprache.

Beginnen Sie bereits ein Jahr vor Ihrem geplanten Auslandsaufenthalt, Informationen über das Zielland zu sammeln.
Sammeln Sie Informationen zu wichtigen Institutionen, Kultur, Gesundheitssystem, Lebenshaltungskosten und last but not least über die Firmen, bei denen Sie sich bewerben möchten.

Für Informationen zu einem europäischen Land können Sie vom "European Employment Service", kurz EURES, profitieren. Entsprechende Berater sind bei den Arbeitsämtern zu finden und beantworten Fragen rund um Bewerbungsformalitäten und Bestimmungen des Landes.

Firmeninformationen können Sie in Nachschlagewerken oder auf der entsprechenden Homepage im Internet erhalten. Ist das Unternehmen international tätig, so nehmen Sie einfach mit den deutschen Büros Kontakt auf.

Bewerbungsunterlagen

Bewerbungsunterlagen umfassen mindestens Anschreiben und Lebenslauf. Sie werden in der Landessprache oder in Englisch verfasst. Lassen Sie die Bewerbung in jedem Fall von Jemandem, der die Landessprache sicher beherrscht, Korrekturlesen.

Beachten Sie, dass in einigen Ländern die E-Mailbewerbung verbreiteter ist, als die schriftliche Bewerbung.

Auf das Bewerbungsfoto wird, mit Ausnahme des südeuropäischen Raumes (Spanien, Portugal, Italien), verzichtet.
Wählen Sie auch dort nur ein Standard-Passbild.

Bewerbungsanschreiben

Der Umfang des Anschreibens beschränkt sich wie in Deutschland auf maximal eine Seite. Richten Sie Ihr Anschreiben immer an eine konkrete Person. Stellen Sie heraus warum gerade Sie, als Ausländer, besonders geeignet für den Job sind.

Die Angabe von Datum und Unterschrift wird nur in wenigen europäischen Ländern, wie Deutschland, Griechenland, Österreich und Finnland gefordert.

In Frankreich und Belgien wird das Bewerbungsanschreiben oft handschriftlich verfasst.

Lebenslauf

Der Lebenslauf umfasst wie in Deutschland ein bis maximal zwei Seiten. Ausnahme bildet die Niederlande. Dort dürfen Sie gern etwas weiter ausholen.

Übersetzen Sie keine deutschen Berufsbezeichnungen, sondern beschreiben Sie den Beruf in der entsprechenden Landessprache.

Weicht eine Notenskala vom Zielland ab, so versuchen Sie einen sinnvollen Vergleichswert zu finden. Sie können beispielsweise schreiben, dass Sie zu den Besten Ihrer Schule gehören.

Haben Sie bereits Auslandsaufenthalte absolviert, so geben Sie diese unbedingt an!

Zur Vermeidung grober Fehler können Sie sich an dem "Europass-Lebenslauf" orientieren. Hierbei handelt es sich um eine Initiative der Europäischen Kommission mit dem Ziel Bewerbungshürden innerhalb Europas zu minimieren. Weitere Informationen finden Sie unter europass.cedefop.europa.eu.

Beachten Sie allerdings, dass der Europass-Lebenslauf keine Vorschrift, sondern nur eine Empfehlung ist. Informieren Sie sich immer über landestypische Eigenheiten des Lebenslaufs.

Referenzen und Zeugnisse

Die Referenz bzw. "letter of recommendation" genießt erheblich mehr Bedeutung als Abschlusszeugnisse. Sollten dennoch Arbeitszeugnisse gefordert sein, so lassen Sie diese übersetzen und beglaubigen.

Besonderheiten in England/Großbritannien

Anschreiben und tabellarischer Lebenslauf gehören zu den benötigten Unterlagen für eine Bewerbung in England. Beide Bewerbungsunterlagen sind maschinengeschrieben.

Arbeitszeugnisse oder Bescheinigungen über Praktika sind nicht üblich und daher nicht gefordert. Bringen Sie diese Unterlagen aber zum Bewerbungsgespräch mit.

Perfektes Englisch ist für einen Job in Großbritannien unbedingte Voraussetzung!

Bewerbungsschreiben (covering letter)

Das Anschreiben umfasst maximal zwei DIN-A4-Seiten. Benennen Sie einen konkreten Ansprechpartner mit "Dear Mr./Mrs./Ms./Dr.".

Im Gegensatz zu Deutschland wird der Betreff nicht über die Anrede, sondern zwischen Anrede und Einleitungssatz, notiert.

Beim Datum können Sie sich zwischen der numerischen ("10.07.2007") oder alphanumerischen Schreibweise ("10th August 2007") entscheiden.

Wählen Sie als Grußformel "Dear Madam/Sir" oder bei einem unpersönlichen Anschreiben "Yours faithfully/ Yours sincerely". Vergessen Sie nicht die Unterschrift!

Lebenslauf (curriculum vitae)

Der Lebenslauf umfasst höchstens zwei Seiten und wird, wie bspw. bei einer Bewerbung in Frankreich, weder datiert noch unterschrieben.

Ein Bewerbungsfoto ist nicht erforderlich.

Notieren Sie Ihren Berufsweg antichronologisch, d.h. beginnend mit der letzten Tätigkeit.

Geben Sie unbedingt Ihre Schulnoten und Noten der Ausbildung an. Die Noten sind dabei in das britische Notensystem zu übersetzen.

Vermeiden Sie Angaben zur Religion oder Ihren Eltern. Sofern Ihre Freizeitaktivitäten einen Bezug zur Stelle haben, geben Sie diese unbedingt an.

Eine Besonderheit in Großbritannien ist die Angabe von "Referenzen". Hierbei handelt es sich um Referenzgeber (Name & Kontaktdaten), bei denen sich das Unternehmen (natürlich positiv) über Sie informieren kann. Schreiben Sie "References available on request", wenn Sie derzeit keine Referenzgeber angeben wollen.
Auf Nachfrage sollten Sie natürlich einen Ansprechpartner nennen können.
Sonstiges

Versenden Sie Ihre Bewerbungsunterlagen nicht in einer Bewerbungsmappe, sondern wählen Sie einen einfachen Hefter. Dies hat den Hintergrund, dass Ihre Unterlagen in der Regel nicht zurückgesendet werden.

Frankreich

In Frankreich bewirbt man sich mit Bewerbungsschreiben und Lebenslauf. Beide Unterlagen werden in Französisch verfasst.

Viele Firmen akzeptieren, neben der schriftlichen Bewerbung, auch E-Mailbewerbungen. Erkundigen Sie sich hierbei im Vorfeld bei dem Unternehmen.

Bewerbungsschreiben (lettre de motivation)

Das Bewerbungsanschreiben umfasst maximal eine DIN-A4-Seite.

Beachten Sie, dass (auch wenn der Trend zum maschinengeschriebenen Anschreiben geht) die Bewerbung in der Regel handschriftlich verfasst wird.

Formulieren Sie das Anschreiben besonders höflich und zurückhaltend. Erläutern Sie Ihre Motivation und achten Sie auf den deutlichen Bezug zur ausgeschriebenen Stelle.
Als Anrede wählen Sie "Madame, Monsieur oder Messieurs". Verzichten Sie auf Nachnahmen.
Formulieren Sie den Abschluss Ihres Anschreibens ebenfalls sehr freundlich, bspw. mit "Je vous prie d'agréer, Madame/Monsieur, l'expression de mes sentiments distingués."

Lebenslauf (curriculum vitae)

Der Lebenslauf ist maschinengeschrieben und umfasst eine DIN-A4-Seite. Er ist somit kürzer als in Deutschland. Ausnahme bilden Bewerbungen für Führungspositionen.

Der Lebenslauf wird nicht unterschrieben oder datiert.

Notieren Sie Ihren Berufsweg chronologisch rückwärts, beginnend mit der letzten Tätigkeit. Gehen Sie insbesondere auf Stationen ein, die wichtig für die angestrebte Stelle sind.

Verwenden Sie keinen Standardlebenslauf, sondern stimmen Sie den Lebenslauf immer auf die Stelle ab.

Inhalte Ihres Lebenslaufs bilden persönliche Angaben, Ausbildung, Berufserfahrung und Freizeitaktivitäten. Darüber hinaus können Sie einen Abschnitt "Karriereplanung" einfügen, in dem Sie Ihre beruflichen Ziele erläutern.

Wahlweise dürfen Sie dem Lebenslauf ein Foto hinzufügen. Ein einfaches Passfoto reicht dabei aber völlig aus.

Beispiele für französische Lebensläufe und Anschreiben finden Sie unter www.letudiant-emploi.fr.

Weitere Besonderheiten

Abschluss- oder Arbeitszeugnisse werden der Bewerbung nicht beigelegt (außer sie werden explizit angefordert). Im Gegensatz zu Deutschland wird auf Referenzen weniger Wert gelegt.

Sie können die Bewerbungsunterlagen einfach falten und ohne Hülle oder Hefter in einen Umschlag stecken. Bitte beachten Sie, dass Ihre Unterlagen in den wenigsten Fällen zurückgesendet werden! Erhalten Sie von dem Unternehmen keine Antwort, so können Sie von einer Absage ausgehen.

Spanien

In Spanien werden gewöhnlich Kurzbewerbungen, bestehend aus Bewerbungsschreiben und Lebenslauf, bevorzugt. Beide Unterlagen sind maschinengeschrieben und werden natürlich in Spanisch verfasst.

Zeugnisse bringen Sie dagegen erst im Bewerbungsgespräch mit. Wahlweise können Sie Ihrem Lebenslauf ein Bewerbungsfoto anfügen.

Beachten Sie, dass von den Unternehmen häufig auch E-Mailbewerbungen akzeptiert werden.

Bewerbungsschreiben (Carta de Candidatura)

Das Anschreiben umfasst höchstens eine DIN-A4-Seite und ist dem Bewerbungsschreiben in Deutschland sehr ähnlich.
Ein Unterschied: Abweichend vom deutschen Standard, notieren Sie die Adresse des Absenders zwischen Grußformel und Unterschrift.
Halten Sie das Bewerbungsanschreiben insgesamt möglichst knapp.

Lebenslauf (curriculum vitae, Hoja de vida)

Halten Sie den tabellarischen Lebenslauf ebenfalls möglichst kurz.

Inhalte des Lebenslaufs sind persönliche Angaben, das anvisierte Berufsziel, beruflicher Werdegang, Ausbildung, Referenzen und Empfehlungsschreiben.

Führen Sie darüber hinaus unbedingt Ihre Sprachkenntnisse mit Bewertung der Fertigkeiten (lesen, verstehen, schreiben usw.) auf. Belegen Sie diese möglichst mit konkreten Erfahrungen, wie bspw. Auslandsaufenthalte.

Notieren Sie Ihren Berufsweg in chronologischer Form. Beschreiben Sie Ihre Tätigkeiten und Aufgabeninhalte.

Freizeitaktivitäten sind nur stellenbezogen anzugeben. Schulnoten oder Noten der Ausbildung müssen Sie in das spanische Notensystem übersetzen.

Der Lebenslauf wird, wie in Deutschland, datiert und unterschrieben.

Bitte beachten Sie, dass Ihre Bewerbungsunterlagen in der Regel nicht zurückgesendet werden!

Fort- und Weiterbildung

Sie haben Ihre schulische Ausbildung erfolgreich abgeschlossen und anschließend eine Berufsausbildung oder sogar ein Studium absolviert? Damit haben Sie sich ein solides Fundament für Ihre berufliche Zukunft geschaffen!

Dennoch werden Sie erkennen, dass dieses Wissen allein nicht ausreicht.

Lernen versteht sich als fortwährender Prozess. Nur wer seine Qualifikationen ständig erneuert und erweitert, läuft nicht Gefahr, in unserer schnelllebigen Welt den Anschluss zu verlieren. In der Regel sind berufliche Fort-

oder Weiterbildungen der Schlüssel zur nächsten Karrierestufe und damit auch zu einem höheren Gehalt.

Nachfolgend stellen wir Ihnen Möglichkeiten vor, wie Sie sich beruflich weiterqualifizieren können.

Dazu gehören:

- Abendschule
- berufsbegleitende Fort- und Weiterbildung
- Fernunterricht & Fernstudium (Distance Learning)
- Sprachreisen

Wir beschränken uns auf eine berufsunabhängige Behandlung dieser Themen. Spezifische Einzelheiten können Sie sich beim Anbieter, wie z.B. bei der entsprechenden Studienakademie, in Erfahrung bringen.

Abendschule

Abendschulen sind staatlich geprüfte und anerkannte Einrichtungen, in denen Sie Ihre Allgemeinbildung erhöhen und sich weitere berufliche Qualifikationen aneignen können.

Das Angebot reicht dabei vom nachträglichen Erwerb eines Schulabschlusses (zweiter Bildungsweg), über die Erweiterung von Sprachkenntnissen bis zur Weiterbildung in verschiedenen Berufsgruppen. Ein Studium im Rahmen einer Abendschule ist für gewöhnlich nicht möglich.

Wie der Name bereits verrät, findet der Unterricht vorwiegend an Abenden statt. Dies kann durch Unterrichtsstunden am Wochenende ergänzt werden. Das Angebot richtet sich dabei vorwiegend an Berufstätige. Da allerdings die Bedingungen in der Arbeitswelt sehr unterschiedlich sind (wechselnde Arbeitszeiten, Schichtdienst, Kindererziehung ...) werden zahlreiche Kurse auch tagsüber angeboten. Damit ist eine Teilnahme auf jeden Fall gesichert.

Es wird zwischen drei Arten der Abendschule unterschieden:

- Abendhauptschule bzw. Volkshochschule (VHS)
  <u>Ziel:</u> Erwerb des Hauptschulabschlusses
- Abendrealschule
  <u>Ziel:</u> Erwerb des Realschulabschlusses
- Abendgymnasium
  <u>Ziel:</u> Erwerb der Fachhochschulreife (Fachabitur) oder der Hochschulreife (Abitur)

Weiterhin werden auch die Technikerschule sowie verschiedene Einrichtungen, die dem Erwerb des Meistertitels dienen, zu den Abendschulen gerechnet.

Vorteile

- Betreuung erfolgt durch eine ausgebildete Lehrkraft
- Abendschulen sind in Deutschland sehr verbreitet, daher befindet sich bestimmt auch in Ihrer Nähe eine Abendschule
- flexible Koordination einer Weiterbildung mit dem Berufsleben
- i.d.R. günstige Teilnehmergebühren

Nachteile

- selbständige Nacharbeitung bei Versäumnissen des Unterrichts erforderlich
- örtliche und zeitliche Bindung
- erhöhte Zeit- und Fahrtkosten aufgrund der Wegstrecke zum Unterrichtsort
- infolge der gering zur Verfügung stehenden Zeit am Abend, dauert eine Weiterbildung meist länger als an einer konventionellen Schule.

Fernstudium

Obwohl Fernunterricht oft als Synonym für Fernstudium verwendet wird, müssen diese Begriffe deutlich voneinander abgegrenzt werden.

Fernunterricht umfasst ein weiterbildendes Studium, das auf die zielgerichtete Erweiterung bestimmter Einzelqualifikationen abzielt. Fernlehrgänge stehen für gewöhnlich allen Interessierten offen.

Bei einem Fernstudium handelt es sich dagegen um akademisches Hochschulstudium. Ziel ist der Erwerb eines akademischen Grades, wie Diplom, Bachelor und Master. Der zeitliche Aufwand ist dabei meist höher als beim Fernunterricht.

Für das Fernstudium gelten die gleichen Zugangsvoraussetzungen, wie bei einem normalen Studium an der Fachhochschule oder Universität.

Beide Weiterbildungsmöglichkeiten haben gemeinsam, dass Sie nicht direkt an einer Fachhochschule oder Universität stattfinden. Inhalte müssen im Selbststudium erworben werden. Hierfür stehen dem Studenten speziell aufbereitete Studienhefte sowie interaktive E-Learning-Möglichkeiten und externe Seminare zur Verfügung. Das Lernmaterial wird postalisch oder auf elektronischem Wege zugestellt. Weiterhin wird dem Fernstudent ein Tutor als fachlicher Betreuer zur Seite gestellt, den er bei Fragen per E-Mail oder Telefon kontaktieren kann.

Die gesetzliche Grundlage für den Fernunterricht bildet das Fernunterrichtsschutzgesetz, kurz FernUSG.

Fernunterricht und Fernstudium eignen sich hervorragend für Berufstätige und junge Familien, die sich „nebenbei" weiterbilden möchten.

Neben den Kosten für die Arbeitsmaterialien sind vom Studenten die Gebühren des Anbieters sowie die Gebühren für Prüfungen und Seminare zu tragen. Darüber hinaus können Reisekosten entstehen.

Wer bietet Fernlehrgänge und Fernstudien an?

Die FernUniversität in Hagen ist deutschlandweit der größte Anbieter von Fernstudien. Weiterhin gibt es viele private Anbieter, wie ILS und SGD. Beachten Sie auch, dass immer mehr Universitäten und Fachhochschulen ebenfalls Fernlehrgänge und Fernstudien anbieten.

Ablauf eines Fernstudiums

Der Ablauf sieht so aus, dass man zunächst die zugesendeten Studienhefte durcharbeitet. Die Hefte beinhalten neben Übungsaufgaben auch Einsendeaufgaben. Diese Aufgaben müssen gelöst und an den Tutor gesendet werden. Er korrigiert und benotet die Arbeit und schickt sie anschließend. mit Bemerkungen und Tipps versehenen, zurück.

Natürlich gibt es auch schriftliche und mündliche Prüfungen, gegebenenfalls sogar Gruppenprüfungen. Diese können beim Anbieter oder an einem anderen externen Standort erfolgen. Hinzu kommen Haus- und Projektarbeiten sowie unter Umständen eine Abschlussarbeit.

Vorteile

- freie Zeiteinteilung
- örtliche Unabhängigkeit (mit Ausnahme der Präsenzveranstaltungen)
- gute Vereinbarkeit zwischen Beruf und Weiterbildung
- eigenes Lerntempo bestimmt die Geschwindigkeit
- aktuelle und qualitativ hochwertige Lernmaterialien

Nachteile

- hohe Eigenmotivation, Ausdauer und Selbstdisziplin erforderlich
- fehlendes studentisches Netzwerk (Studentenleben, Kommunikation mit anderen Kommilitonen)
- keine direkte Kommunikation mit dem Tutor

- höhere Studiendauer als in einem Präsenzstudium
- infolge des hohen Zeitaufwands müssen Abstriche im Privatleben gemacht werden

Sollte für Ihr Fernstudium im Rahmen der Zulassungsvoraussetzung ein Motivationsschreiben gewünscht sein, so finden Sie entsprechende Muster auf der Internetseite www.mba-master.de. Bitte beachten Sie dabei, das Muster nur als Anregung für das eigene Schreiben zu verstehen sind.

Sprachreisen

Was ist eine Sprachreise?

Unter einer Sprachreise versteht man einen Auslandsaufenthalt mit dem Ziel, eine Fremdsprache zu erlernen, aufzufrischen oder zu vertiefen. Die Besonderheit liegt darin, dass die Fremdsprache direkt und unmittelbar in ihrer natürlichen Umgebung angewendet wird. Man beschäftigt sich also im Sprachunterricht (wird für gewöhnlich von einer Sprachschule durchgeführt) und außerhalb des Unterrichts mit der Sprache. Daneben dient eine Sprachreise dazu, die Kultur des Landes kennenzulernen. Beliebte Reiseziele sind England, Frankreich, Spanien, aber auch Kanada und die USA.
Wo kann ich eine Sprachreise buchen?

Für gewöhnlich wird eine Sprachreise bei einem Sprachreiseveranstalter gebucht. Dieser bietet verschiedene Gesamtpakete an, die die Leistungen der einzelnen Leistungsträger (Anreise, Unterkunft,

Spracheschule etc.) bündeln. Der Sprachreiseveranstalter ist dabei direkter Ansprechpartner für alle Leistungen. Ferner haftet er für seine Leistungen und für die Leistungen der anderen Leistungsträger, also bspw. der Sprachschule. Neben dem Sprachreiseveranstalter gibt es auch den Sprachreisevermittler. Wie der Name bereits sagt, vermittelt er nur die Leistungen der Leistungsträger.

Die einzelnen Leistungsträger bleiben selbst direkter Ansprechpartner. Selbstverständlich kann man sich eine Sprachreise auch in Eigenregie zusammenstellen und die Leistungen direkt bei den Leistungsträgern buchen. Welche Möglichkeiten der Unterbringung gibt es?

In 80 Prozent der Sprachenreisen erfolgt die Unterbringung des Sprachschülers in einer Gastfamilie. Daneben stehen auch Wohngemeinschaften, Hotels und Studentenresidenzen zur Auswahl. Die Unterbringung in einer Gastfamilie hat allerdings den Vorteil, dass man einen Einblick in den typischen Alltag einer Familie bekommt und darüber hinaus gezwungen wird, auch in der Freizeit in der Landessprache zu sprechen. Im Hotel oder in der Wohngemeinschaft ist dem oft nicht so. Gastfamilien verdienen sich durch den Aufenthalt meist etwas dazu, man sollte aber dennoch in Betracht ziehen, sich in die Familie zu integrieren und kleinere Aufgaben im Haus übernehmen. Die Familien werden durch die Sprachschule angeboten/vermittelt und auch regelmäßig von den Schulen auf die Qualität geprüft. Der Gastfamilienaufenthalt wird in einer Sonderform auch als Demi-Pair-Programm angeboten. Das Demi-Pair-Programm verbindet die Sprachschule mit dem Au-Pair-Programm. Der Demi-Pair lebt und arbeitet in einer Gastfamilie und nimmt darüber hinaus an Sprachkursen teil. Die Arbeit umfasst zumeist die Kinderbetreuung,

geht dabei aber nur halbtags, um den Besuch von Sprachkursen zu gewährleisten.
Sprachaufenthalt im Ausland

Schülersprachreisen vs. Erwachsenensprachreisen

Es gibt Schülersprachreisen mit einer Dauer von wenigen Wochen (zumeist in den Ferien) und Erwachsenensprachreisen, die sich über mehrere Wochen bis Monate erstrecken können. Von Abiturienten kann die Sprachreise auch für eine Auszeit oder Langzeitsprachaufenthalt genutzt werden. Das

ist unter dem Begriff "Gap Year" bekannt. Natürlich werden Sprachreisen auch für die Generation 50+ angeboten.

Ablauf einer Sprachreise

Bei der klassischen Sprachreise wird von einer Sprachschule 15 bis 30 Stunden die Woche Unterricht in der Fremdsprache gegeben. Darüber hinaus sind oft noch Hausaufgaben zu erledigen. In der Regel werden von den Sprachschulen auch verschiedene Nebenleistungen angeboten, wie zum Beispiel Ausflüge in die Umgebung, Spezialkurse oder sogar Praktika. Bei der Unterrichtsform gilt es zwischen dem relativ teuren Einzelunterricht und dem Gruppenunterricht zu unterscheiden. Sofern Sie sich für den Gruppenunterricht entscheiden, achten Sie darauf, dass der Unterricht möglichst wenige Teilnehmer umfasst und untereinander ein einheitliches Leistungsniveau herrscht. Das einheitliche Niveau kann durch einen vorherigen Einstufungstest sichergestellt werden.

Homestay als Alternative

Neben der klassischen Sprachreise gibt es auch den Homestay. Der Begriff bezeichnet einen reinen Gastfamilienaufenthalt. Er richtet sich primär an Schüler, die für einige Wochen das Leben in einer fremden Familie und die Kultur des Landes kennenlernen wollen. Zu beachten ist dabei, dass die Familien natürlich ihrer Arbeit nachgehen und daher nicht den ganzen Tag frei verfügbar sind. Daher kann der Schüler seinen Homestay auch mit einem Praktikum oder mit Sprachunterricht anreichern. Auch ein Schulbesuch auf Probe ist oft möglich.

Für welche Sprachreise Sie sich auch entscheiden, im Rahmen der späteren Bewerbung um einen Arbeitsplatz oder eine Ausbildung ist es sehr wichtig, erworbene Sprachkenntnisse auch zu belegen! Erkundigen Sie sich daher im Vorfeld, ob mit der Sprachreise ein offizielles Sprachzertifikat, wie zum Beispiel D.E.L.E., TOEFL oder das Cambridge Certificate, erworben wird.